CREA UN
NEGOCIO
FREGÓN
EN 20
PASOS

Del creador de

STARTUPISMO *Fric Martínez*

CREA UN NEGOCIO FREGÓN EN 20 PASOS

S 658 M3857

🌐 Planeta

Diseño de portada: Ramón Navarro
Ilustraciones: Fric Martínez, Diego Enrique Martínez García
Diseño de interiores: Fric Martínez
Adaptación: Jonathan Muñoz Méndez.

© 2018, Fric Martínez

Derechos reservados

© 2018, Editorial Planeta Mexicana, S.A. de C.V.
Bajo el sello editorial PLANETA M.R.
Avenida Presidente Masarik núm. 111, Piso 2
Colonia Polanco V Sección
Delegación Miguel Hidalgo
C.P. 11560, Ciudad de México
www.planetadelibros.com.mx

Primera edición impresa en México: junio de 2018
Tercera reimpresión en México: enero de 2019
ISBN: 978-607-07-5030-4

Impreso en los talleres de Litográfica Ingramex, S.A. de C.V.
Centeno núm. 162-1, colonia Granjas Esmeralda, Ciudad de México
Impreso y hecho en México – *Printed and made in Mexico*

DEDICATORIA:

A Paola y Diego, mis hijos.

A todos los emprendedores que se están
uniendo a este movimiento llamado
Startupismo.

Certificado de Metodología

Reconocimiento de
Metodología de
Emprendimiento **2017**

El Instituto Nacional del Emprendedor, como parte
de su labor de fomento al emprendimiento, otorga
el Reconocimiento de Metodologías, Modelos
e Iniciativas de Emprendimiento a las empresas
que forman parte, de manera exitosa, de la plataforma
de Cultura Emprendedora.

**COMO RESULTADO DE ESTE PROCEDIMIENTO,
EL INADEM EXTIENDE EL PRESENTE RECONOCIMIENTO A
LA METODOLOGÍA:**

STARTUPISMO
N. DE FOLIO: MCC2417

Metodología certificada el 18 de abril de 2017

MI CHORO SOBRE ESTE LIBRO.

(PRÓLOGO)

La vida es muuuy corta y hay que hacer algo chido con ella.

Cuando seas viejo dirás: "Sobreviví". Así que, si vas a sobrevivir, ¡dedícate a lo que te gusta!

Este es un manual para que pongas en orden tus ideas y no la cagues gastándote todo tu dinero a lo wey.

Fric Martínez

CurríCulo en una imagen

Proyectos creados por Fric Martínez:

2005

Película de animación

2008

Comunidad de creativos
y emprendedores

2002

organika

Reconocido estudio
de animación

2006-2008

bionika — Agencia de publicidad
tónika — Estudio de audio
MOLEKULA — Pantallas en edificios
Pabaworld — Marca de ropa
zootropo — Programación web
Galeria 13 — Galería de arte
Chanwis — Sándwiches gourmet

1999

pabaco

Productora de arte

2015

Cliqa

App de telecomunicaciones

2014

FRIC ANIMATION!

Videos en animación
para startups

2017

STARTUPISMO

Metodología de
emprendimiento

2013

yo peyote

Documental: yo
comiendo peyote

buenondismo

Libro ilustrado
de espiritualidad
callejera

2009-2012

Cortometraje muy premiado

Series en animación

Videoinstalaciones

PARTE 1

CONCEPTOS BÁSICOS

¿QUÉ ES UNA STARTUP?

Es una idea que puede convertirse en negocio.

Tome usté su semilla (idea de negocio).
Agregue los elementos necesarios: productos, difusión, inversión, etc...

¿No germina? Modifique todo lo necesario. Incluso es válido cambiar la idea.

¿Germina? Perfecto.
¿No germina? Cambie de semilla.

UNA STARTUP NO ES UNA EMPRESA.

ES LA POSIBILIDAD DE QUE UNA IDEA LOGRE CRECER Y CONVERTIRSE EN UNA EMPRESA.

¿QUÉ es un EMPRENDEDOR?

[O QUERRÉ DECIR EMPRENDEDORK?]

SEMANALES

Persona que trabaja **100** horas en su proyecto en lugar de **40** horas en el proyecto de alguien más

ECOSISTEMA EMPRENDEDOR

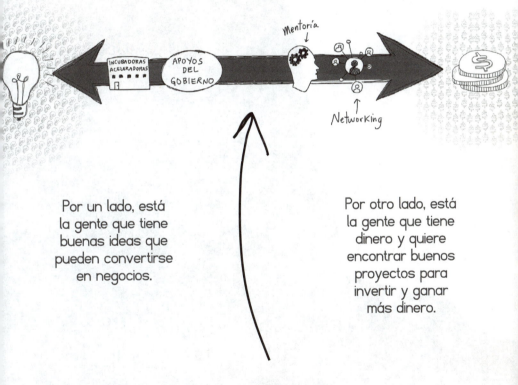

Por un lado, está la gente que tiene buenas ideas que pueden convertirse en negocios.

Por otro lado, está la gente que tiene dinero y quiere encontrar buenos proyectos para invertir y ganar más dinero.

Las ideas, el dinero y las entidades que unen esas dos fuerzas: a todo eso se le llama ecosistema emprendedor.

15

ECOSISTEMA EMPRENDEDOR:
ORGANISMOS Y ENTIDADES
QUE TE AYUDAN
À CONVERTIR
TU IDEA
EN UN NEGOCIO

¿QUÉ ES STARTUPISMO?

Proceso por el cual una idea puede convertirse en una solución a una necesidad, luego en un producto, después en una empresa y, finalmente, en un generador de riqueza y valores para la sociedad.

ES GENERAR BILLETE CON TUS IDEAS, PUES.

¿ EMPRENDEDURISMO ?

Esa palabra no existe, se dice **emprendimiento**.

PARTE 2

METODOLOGÍA

1
2
3
4
5
6
7
8
9
10
11
12
13
14
15
16
17
18
19
20

Ora sí.

A continuación, los 20 pasos que pueden ayudarte como guía en la creación y crecimiento de una startup.

Sinteticé los conceptos y les di un orden sugerido que, por supuesto, puedes alterar a tu conveniencia.

Para ayudarte a entender mejor, al principio de cada paso hay un ejemplo sacado de mi proyecto Buenondismo, un curso en línea que sirve para superar tus miedos y el estrés de la vida al emprender.

INSTRUCCIONES PARA LLENAR TU GUÍA STARTUPERA:

1. Al principio de cada paso encontrarás una hoja que puedes separar del libro.
2. Sigue las instrucciones de cada una y llénalas con los datos de tu proyecto. (Puedes usar post-its, plumones, crayolas, estampas, lo que quieras).
3. Al terminar de llenar las 20 hojas, pégalas en la pared.
4. ¡Ahora podrás ver tu proyecto en una sola imagen!

¡Así se verá tu guía startupera cuando termines! (Y ese orgulloso startupero soy yo mero.)

ENCUENTRA UNA NECESIDAD QUE DESEES SOLUCIONAR.

Debes sentir la vocación para resolverla, te debe apasionar el tema.

Existen millones de necesidades. ¡Encuentra una!

Ejemplo del paso 1 con el proyecto Buenondismo:

NECESIDAD.

Los emprendedores reciben mucha información sobre cómo crear sus proyectos y cómo ir hacia arriba, pero nadie les habla del lado espiritual de los negocios ni de qué hacer cuando las cosas no van bien.

Detecté la necesidad que tiene la gente de saber cómo enfrentar sus miedos e incertidumbres al emprender.

Paso 1

Necesidad

Encuentra una necesidad que quieras solucionar.

(Preferiblemente en la industria en la que te desenvuelves.)

Escribe una lista de las necesidades que detectas y después escoge UNA. ¿Te dedicas a la música? Entonces crea un producto que solucione la vida de los músicos. ¿Tienes experiencia en el mundo de la comida? Crea un producto que solucione la vida de los restauranteros. ¿Eres empleado? Crea una solución para la empresa en la que trabajas.

DETECTA UNA NECESIDAD.

No construyas un tren, primero busca alguna necesidad
que deba ser resuelta. Después verás
qué debes construir para solucionarla.

No hagas una empresa, primero debes enfocarte
en detectar una necesidad en la sociedad, en algún grupo de
gente o en alguna empresa o institución.

Puedes encontrar solución a cosas que no funcionan
en la industria a la que perteneces:

¿Te dedicas a la música? Entonces crea un producto
que solucione la vida de los músicos.

¿Tienes experiencia en el mundo de la comida? No abras
un restaurante, crea un producto que solucione la vida
de los restauranteros.

¿Eres empleado? Crea una solución para la empresa en la que
trabajas. (Tal vez luego puedas vender ese producto a otras
empresas).

Cómo crear una startup:

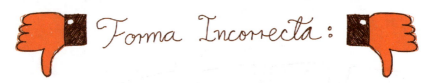

Forma Incorrecta:

Voy a crear un producto para vendérselo
a la gente.

Forma Correcta:

Voy a detectar un problema en la sociedad y
buscaré un producto para solucionarlo.

BUSCAR
EL BENEFICIO DE OTROS
ES LA MEJOR SEMILLA
PARA UNA STARTUP EXITOSA.

CREA UN PRODUCTO PARA SOLUCIONAR LA NECESIDAD.

Mientras más gente beneficies, mejor.

Ejemplo del paso 2 con
el proyecto Buenondismo:

SOLUCIÓN.

Decidí crear un curso para emprendedores
(y público en general) que sirviera para
desmenuzar la realidad y hacer más disfrutable el
proceso de crear proyectos.

Es un curso con conceptos espirituales
que sirve para entrar en contacto con ese Ser
Sabio que habita en todos nosotros y que tiene
el coraje que necesitamos para aventarnos
al vacío.

Paso 2

Solución

Crea un producto para solucionar el problema.

No busques clientes: busca usuarios, consumidores.

Haz una lista de soluciones que puedes crear para la necesidad que detectaste. Después selecciona la que consideres más fácil de desarrollar. No debes escoger la más ambiciosa, sino la que te sea más próxima.

DISRUPCIÓN!!!

DISRUPCIÓN

Asegúrate de que tu idea sea disruptiva.
(O por lo menos innovadora).

Cuando creas un producto que mejora algún sistema
(y la vida de la gente), estás innovando.

Pero cuando cambias el sistema por completo,
estás siendo **disruptivo.**

Uber es un excelente ejemplo de disrupción,
hizo un cambio total en el sistema del transporte
en automóvil.

DISRUPCIÓN ES IR MÁS ALLÁ DE LA INNOVACIÓN.

(Es romper madres, pues).

UNA STARTUP ES UNA CONSTANTE BÚSQUEDA PARA DARLE A LA GENTE LO QUE NECESITA.

(No se trata de hacer lo que tú quieres).

TODO TIENE UNA COMBINACIÓN

Para solucionar un problema debes encontrar la combinación de ingredientes necesarios: gente, comunicación, organismos, clientes, inversores, medios.

Todo se puede lograr, pero debes ser muy intuitivo para encontrar la combinación perfecta de elementos que pueda darte resultados.

Todas las cosas que deseas lograr tienen
una mezcla adecuada de ingredientes.
Hay que encontrar esa combinación.

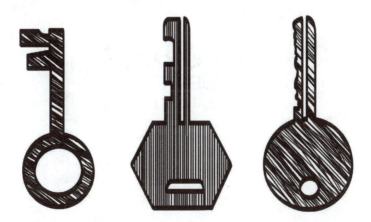

UNA COSA ES UNA STARTUP Y OTRA EL AUTOEMPLEO

Si trabajas por tu cuenta, es autoempleo. Si creas un proyecto que pueda darte dinero aún mientras duermes, y luego tienes la posibilidad de vender ese proyecto a alguien más: eso es una startup.

TIP: Transforma en propiedad intelectual aquello que comenzó como autoempleo. Usa tu talento para darle la vuelta a lo que antes era trabajar por tu cuenta. Ahora debes crear algo que genere dinero sin que debas hacerlo todo tú.

NO BUSQUES CLIENTES. BUSCA USUARIOS.

Vende un producto, no un servicio. No cambies tu tiempo por dinero, vende algo.

Asegúrate
de que tu proyecto sea:

RENTABLE:

Que genere dinero.

ESCALABLE:

Que tenga muchas posibilidades de crecimiento.

REPLICABLE:

Que se pueda repetir la fórmula en otros
lugares o industrias.

AUTOMATIZABLE:

Que tu empresa pueda funcionar sin ti.

VENDIBLE:

Que tu empresa pueda venderse por partes o en
su totalidad a otra empresa.

AUTOGODÍNEZ

(PARA QUE ESO NO SUCEDA, DEBES CREAR PRODUCTOS).

Primero eres empleado, después emprendedor, luego autoempleado, más tarde empresario, después jefe, y luego... empleado (de tu empresa, pero empleado).

Debes saber delegar para no terminar odiando tu nuevo empleo dentro de tu empresa (y no tener que renunciar nuevamente).

Empiezas como dueño de tu empresa.

Y terminas como empleado de tu empresa.

¿CÓMO HARÁS DINERO CON TU PROYECTO?

Si tu emprendimiento no hace dinero, no durarás mucho y no generarás un impacto real.

Ejemplo del paso 3 con el proyecto **Buenondismo:**

Decidí sintetizar toda la información en un curso en línea que tiene costo. Otra entrada de dinero son las conferencias y talleres presenciales que imparto.

De esa forma recibo ingresos para poder desarrollar otras áreas del proyecto y así cada vez ayudar a más gente.

Redituable

¿Cómo harás dinero con tu proyecto?

Sin dinero no durarás mucho y no generarás un impacto real.

Escribe una lista de las formas con las que puedes hacer dinero con tu proyecto. Después selecciona la que sea más de fácil implementar.

CREA UN
MODELO DE NEGOCIOS

Modelo de negocios quiere decir:
**cómo genera dinero
tu proyecto.**

Por ejemplo: el modelo de
negocios de Facebook es vender
espacios publicitarios.

CLÁSICO: EMPIEZAS UN PROYECTO PARA AYUDAR A LA GENTE...

Y TERMINAS GANANDO DINERO.

Muchas empresas exitosas empezaron como un pasatiempo.

Si tu proyecto beneficia a mucha gente, es probable que termines haciendo dinero con él.

MI CONVERSACIÓN CON UN HIPPIE:

HIPPIE:
Yo no necesito dinero, hermano. Soy voluntario de varias asociaciones y dedico mi tiempo a ayudar a los demás para mejorar el mundo. Yo sólo vivo con 2,000 pesos al mes.

YO:
Entonces, si te diera 10,000 pesos ¿qué harías?

HIPPIE:
Usaría 2,000 pesos para mis gastos y donaría el resto a las comunidades que suelo apoyar.

YO:
¿Y si te diera 100,000, pesos?

HIPPIE:
Donaría 98,000 pesos para ayudar a mejorar el planeta y usaría 2,000 pesos para vivir.

YO:
Entonces ponte a chambear, genera un millón de dólares, toma tus 2,000 pesos (o lo que quieras) para ti, y con el resto haz algo que impacte realmente a la gente.

En nombre de la humanidad: gracias por lo que haces, pero tenemos un poco de prisa.

El mundo se está yendo a la mierda y necesitamos cambios mucho más grandes que los que puede hacer un voluntario solo.

43

Pongámonos a chambear
y cambiemos el mundo
(de verdad).

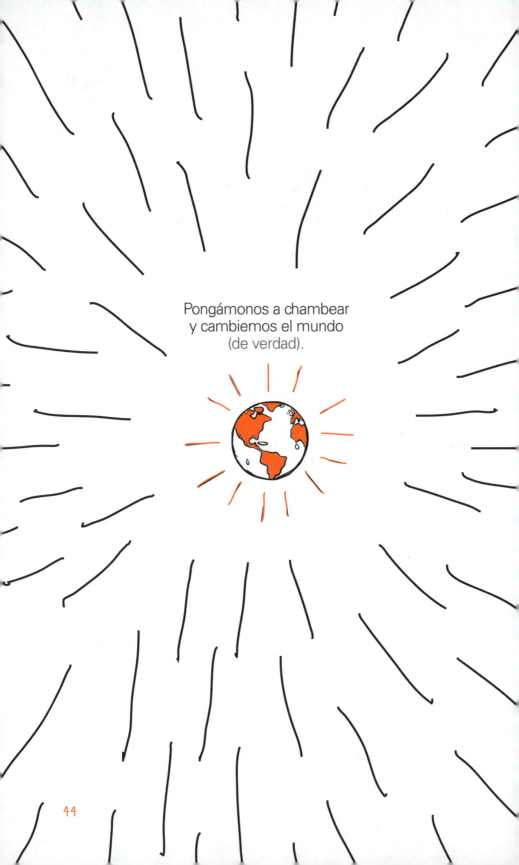

EL DINERO AYUDA MÁS QUE HACER LAS COSAS POR AMOR AL ARTE.

Cuidar viejitos, alimentar perritos de la calle o ser voluntario en tu comunidad está muy bien, pero si quieres impactar positivamente al planeta, necesitas presupuesto.

Vivimos en un mundo en el que todo se mueve con dinero.

El dinero no es malo, ¡es energía pura!

¿quieres ayudar A LA HUMANIDAD?

ENTONCES: **HAZ DINERO**

Inspira a la gente, demuéstrales que
todo se puede, conviértete
en el ejemplo.

¿A quién le vendes tu producto?

¿A LA GENTE?
¿A LAS EMPRESAS?
¿A TUS EMPLEADOS?

Formas de definir quién le vende a quién en una empresa:

B2B: Business to Business: la empresa le vende productos a otras empresas.

B2C: Business to Consumers: la empresa le vende a consumidores finales, a la gente.

B2E: Business to employees: es un producto que una empresa le vende a sus propios empleados.

C2C: Consumer to Consumer: es cuando las personas le venden a otras personas.

G2C: Government to Consumer: cuando el gobierno vende sus trámites por internet a la gente, por ejemplo.

BUSINESS MODEL CANVAS

Es una plantilla que se llena con los datos de tu proyecto: clientes, alianzas, gastos, etc.

Es una herramienta para tener claros todos los detalles de tu negocio y poder tomar decisiones con mayor confianza.

Búscala en Google, te va a ayudar.

DECÍDETE A EMPRENDER.

Hay muchísimas razones por las cuales comenzar tu proyecto, pero tienes que estar completamente seguro*

*No me hago responsable si renuncias a tu empleo y terminas viviendo bajo un puente, yo sólo escribí este libro para ayudar.

Ejemplo del paso 4 con el proyecto **Buenondismo:**

EMPRENDE.

Me aventé a iniciar el proyecto de Buenondismo gracias a un llamado que sentí desde niño.

Siempre había querido transmitir conceptos espirituales que pudieran ayudar a la gente, así que si no lo hacía ahora, me iba a sentir muy desdichado en el futuro.

No lo dudé, no esperé a que todo se alineara, simplemente comencé a hacerlo sin importarme el éxito que pudiera tener. Y justamente cuando te apasiona tanto algo, es cuando suceden las cosas.

Paso 4

Escribe las razones por las que te atreves a dejar la seguridad de un trabajo estable. ¿Por qué quieres emprender? ¿Quieres ser feliz, quieres ser millonario, cambiar el mundo, sentir libertad, sentir emociones fuertes? ¿Por qué emprendes?

Aventarte Emprende

Decídete a emprender.

Hay muchísimas razones por las cuales comenzar tu proyecto...
Emprender es un deporte extremo, acércate a tu miedo, abrázalo.

¿ERES MUY BUENO EN ALGO?

ENTONCES YA PUEDES

EMPRENDER.

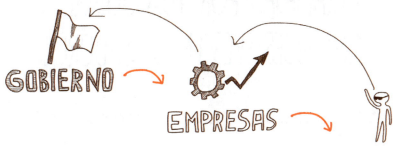

-En esta era, las corporaciones tienen
el poder para hacer cosas que antes
sólo podían hacer los gobiernos.

-Ahora, los individuos pueden hacer
lo que antes sólo podían hacer las
empresas.

-Una sola persona puede generar
cantidades estratosféricas de dinero
y movimientos sociales globales sólo
con el uso de internet.

UNA SOLA
PERSONA
PUEDE CAMBIAR
EL MUNDO

¿ERES FREELANCER?
¿TRABAJAS POR TU CUENTA?
¡ENTONCES ERES EMPRENDEDOR!

Sólo le falta un **giro** a tu estrategia

¿Qué hacer ahora?

Genera valor para la industria a la que perteneces.

Mete en una licuadora tu experiencia, tus talentos y tus fracasos, y mézclalo todo con un poco de visión hacia el futuro, preguntándote: ¿hacia dónde va mi industria? ¿Qué problema puedo solucionar y cobrar por ello? ¿Cómo puedo ser disruptivo?

PUEDES SER FELIZ EN TU EMPLEO, PERO TE PUEDES ARREPENTIR.

AUNQUE SUENE A CLICHÉ,

Es mejor arrepentirte de haber hecho algo que de no haberlo intentado.

Mucha gente con un trabajo estable en el fondo desearía ser dueña de su tiempo y su empresa. Saben que después de décadas podrán jubilarse y descansar, pero también es un hecho que, mientras más tiempo pase, menos energía tendrán y más difícil será emprender. También saben que siempre se quedarán con la duda:

"¿Y si hubiera puesto mi negocio?".

Es mucho más probable que alcances tus metas económicas vendiendo tu propio producto que vendiendo el producto de alguien más.

El empresario chino Jack Ma tiene un discurso que dice algo así:

"Antes de los 20 años, estudia.

De los 20 a los 30; trabaja para alguien, no importa la empresa sino el jefe, aprende de él.

De los 30 a los 40; comienza con tus proyectos, emprende, fracasa.

De los 40 a los 50; pon la energía en donde hayas visto que está tu talento, haz lo que mejor sepas hacer.

De los 50 a los 60; rodéate de jóvenes, enséñales, pasa tu legado a la nueva generación.

De los 60 en adelante, disfruta la vida".

ESE CHINITO SE LA SABE

EMPRENDER ES UN DEPORTE EXTREMO

Tener tu propio negocio y hacerlo crecer es muy difícil, es mucho trabajo, requiere todo tu coraje y voluntad.

No hay emprendedor que no haya sufrido por lo menos en algún momento en su camino.

De la misma forma que un alpinista aprende a dar un solo paso a la vez sin detenerse, emprender requiere una gran fortaleza.

GRADOS DE RIESGO EN LA VIDA:

DEPORTE,

DEPORTE EXTREMO,

TRABAJO DE RIESGO,

EMPRENDER

BOOTSTRAP

Bootstrap quiere decir: "Empezar tu proyecto sin dinero".

Casi todos los emprendedores piden dinero como si este fuera el único detonante que permitiera el éxito de su proyecto.

Cuando creas tu empresa sin ayuda monetaria debes utilizar la creatividad.

Mientras más avances sin dinero, sabrás con mayor seguridad cómo utilizar los recursos.

NO TENGO UN VARO PERO SEGUIRÉ DÁNDOLE A MI PROYECTO HASTA QUE SEA NEGOCIO.

(Emprendedor + Indigente = Emprendigente).

Emprende donde estés, aunque seas empleado.

INTRA-EMPRENDER

No todo se trata de renunciar a tu trabajo y poner un NEGOCIO.

Hay empresas muy receptivas que promueven el emprendimiento entre sus empleados, animándolos a desarrollar proyectos que mejoren los procesos de la compañía.

Puedes emprender un proyecto propio sin salirte de tu empleo. Puedes trabajar en él los fines de semana y en las noches. Llegará el momento en que tendrás que decidir si deseas seguir en el trabajo que tienes o dar el paso a dedicarte enteramente a tu emprendimiento personal.

SPIN-OFF

Cuando un vagón se independiza del tren al que pertenecía originalmente y forma un nuevo tren.

Muchas veces ocurre que alguien encuentra una solución que beneficia a la empresa en la que trabaja y, como esa idea puede funcionar para muchas empresas más, el creador de la idea decide vender el producto a todo el mundo.

Lo que comenzó como una herramienta para una empresa, ahora es una empresa independiente.

LA CARRETA Y EL COCHE

Antes de que existiera el automóvil la gente se transportaba en carretas tiradas por caballos. Las últimas carretas que existieron eran muy cómodas, contaban con todos los lujos y detalles como direccionales, frenos, llantas de caucho, espejos retrovisores, etc. Cuando salieron los primeros autos no servían bien, se descomponían, se calentaban, eran incómodos… Mucha gente prefería ir en carreta que en coche.
Quizá los coches eran mucho menos cómodos que los carruajes, pero… **YA ERAN COCHES**.

Lo mismo sucede cuando tienes un empleo; todo es comodidad, tienes un cheque cada mes, tienes la seguridad de que pagarás la renta y los gastos —es como tener una carreta—.

Emprender es como tener un coche: es incómodo, riesgoso, difícil… pero, por más destartalado que esté, ¡es un coche!

ADEMÁS, PUEDES DORMIR EN TU COCHE :)

EL PUENTE DE CRISTAL

Imagina que quieres cruzar al otro lado de un acantilado pero no hay puente.

Un viejito sentado a la orilla te dice que sí hay puente, pero es transparente.

Debes confiar y dar un paso largo, de ese modo sabrás que el puente existe.

Cuando dejes tu trabajo para dedicarte a lo que deseas, estarás dando ese primer paso.

Al dar el primer paso, te darás cuenta de que el puente existe (aunque tal vez no sea el puente más estable) y de que se moverá (mucho) mientras lo cruzas.

Una vez que te lances al vacío, aparecerán las personas y los eventos que te ayudarán a que logres tus metas. **Ese es el puente**.

SIEMPRE PASA ALGO Y SOBREVIVES.

Nadie se ha hecho millonario ahorrando

Quien no arriesga no gana.

Ahorrar no da dinero: para hacer mucho dinero debes invertir, arriesgar, mover el dinero, jugar con él.

NO SEAS CODO. AVIENTA EL DINERO COMO SEMILLAS.

La peda en la boda

Un día estás en una boda y conoces a dos personas.

Juan Pérez dice: "yo estudié tal carrera y después decidí estudiar una segunda carrera, luego conseguí un empleo, después viajé a otro país y tomé otro empleo, pero no me gustaba y cambié de país y de empleo nuevamente, después regresé a mi país de origen, me casé, tuve dos hijos, emprendí un negocio, fracasé y puse otro negocio, después volví a salir del país, y he vivido muchas cosas todo el tiempo".

Después, Pedrito Godínez dice: "yo estudié administración de empresas, entré en la compañía de mi papá y llevo veinte años encargado de la compañía y cada vez logro que haya más ventas… y ya".

Después de eso hay un silencio.
¿Con cuál de las dos personas te darían más ganas de platicar?

ES MEJOR PLATICAR CON ALGUIEN QUE HA ESTADO ARRIBA

Y ABAJO

NO LE HAGAS CASO A TU MAMÁ Y A OTRAS PERSONAS CON MIEDO

No hay peor influencia que alguien que tiene miedo, alguien que no estaría dispuesto a alejarse de la seguridad.

Escucha a otros emprendedores que te sirvan de inspiración y te aporten coraje, no temor.

Ay, mijito, mejor consíguete un trabajo real, me da miedo que te pase lo mismo que a tu tío Nacho...

¡PUES A MÍ NO ME DA MIEDO, MAMÁ!

Acércate a tu miedo.
ABRÁZALO
Es una herramienta, una guía, un motor.

DESAPEGO

Renunciar a tu empleo requiere que practiques el desapego. Una vez que estás emprendiendo debes estar dispuesto a dejar ir, es decir, dejar de pensar en lo que hubiera sido seguir con tu empleo. Quizás estarías más cómodo, pero no sentirías la aventura de hacer crecer tu propio proyecto (o irte de hocico al intentarlo).

El desapego es un músculo que se puede ejercitar, es una herramienta que te ayudará en los momentos difíciles.

SI ESTÁS DECIDIDO, AGÁRRATE LA ENTREPIERNA

Y LÁNZATE AL VACÍO.

Puedes esperar a tener
el terreno idóneo para
emprender y empezar
tu negocio, pero mientras
más joven seas, mayor
energía tendrás
para invertirle
el tiempo que
requiere.

a veces lo único que necesitas es

AVENTARTE

la vida es corta

TUS HEMISFERIOS CEREBRALES.

Una vez que hayas usado tus dos lados del cerebro y hayas avanzado sin ayuda de nadie por un buen tiempo, invita al proyecto a alguien que esté igual de comprometido (loco) que tú en crear la solución a una necesidad y hacer dinero.

No invites a tus amiguis, una startup no se trata de tomar caguamas.

Debes escoger a alguien que haga lo que tú no sabes hacer. Deben complementarse, no duplicar los talentos.

Ejemplo del paso 5 con el proyecto Buenondismo:

Temas como la espiritualidad pertenecen totalmente al hemisferio creativo, el derecho.

Pero para asegurarme de que esa información llegara a mucha gente y pudiera generar dinero, tuve que utilizar mucho el hemisferio izquierdo, el encargado de hacer que las cosas sucedan.

Así que el proyecto de Buenondismo no sólo son videos con temas hippies, sino una forma de hacer que la gente sepa cómo funciona su mente y cómo puede sacar mayor provecho de sus talentos y fortalezas.

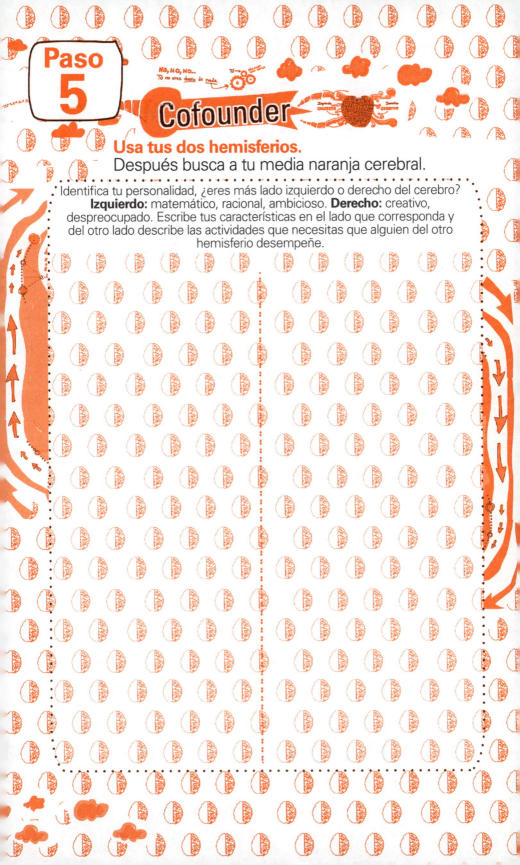

Paso 5

Cofounder

Usa tus dos hemisferios.

Después busca a tu media naranja cerebral.

Identifica tu personalidad, ¿eres más lado izquierdo o derecho del cerebro? **Izquierdo:** matemático, racional, ambicioso. **Derecho:** creativo, despreocupado. Escribe tus características en el lado que corresponda y del otro lado describe las actividades que necesitas que alguien del otro hemisferio desempeñe.

NO, NO, NO...

Tú no eres <u>dueño</u> de <u>nada</u>.

Muchos quieren ser dueños únicos de una empresa exitosa, pero actualmente la colaboración es fundamental para crecer.

Tú →

¡TÚ SOLO NO PODRÁS CREAR ALGO DE VERDADERO VALOR!

UTILIZA
LOS DOS LADOS
DE TU CEREBRO

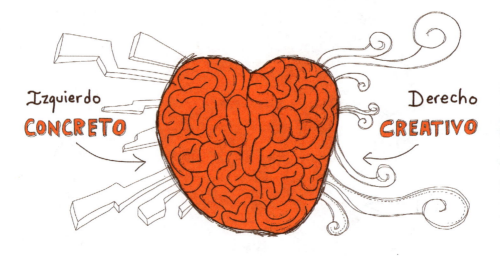

Izquierdo
CONCRETO

Derecho
CREATIVO

Lo ideal es crear las empresas entre dos personas:
el creativo y el concreto (Steve Jobs no hubiera logrado
nada sin Steve Wozniak).

No debes esperar a tener un *cofounder*, al principio tendrás
que usar tus dos hemisferios cerebrales
para la creación de tu producto y la promoción del mismo.

Repito: **ya que hayas avanzado por ti mismo**,
busca a alguien que cubra las necesidades que
tú ya experimentaste al haber estado solo.

TIENES QUE
HABLAR AL
CHILE CON
TUS SOCIOS

HABLAR DEL DIVORCIO ANTES DEL MATRIMONIO

Dicen que no hay mejor forma de empezar
un matrimonio que hablando del divorcio.
De esa forma no habrá malos entendidos.

No hay nada como dejar claras las cosas cuando
te juntas con socios a crear un negocio.
¿Quién hace qué cosa? ¿Cómo será la separación
en caso de fracasar?

Parece un poco incómodo hablar de esas cosas
con alguien con quien apenas estás emprendiendo
una aventura de negocios, pero es muy positivo
mantener una relación completamente honesta
y clara desde el principio.

VESTING

Cuando asocias a alguien a tu empresa y quieres darle acciones, no es buena idea darle todas al mismo tiempo.

El vesting es darle acciones a alguien, pero diferidas.

Por ejemplo, le ofreces el 10% de tu empresa a alguien pero con un vesting de 4 años, es decir, recibirá el 2.5% cada año.

(Si la empresa se vende a otra empresa, la persona en cuestión recibe el total de sus acciones aunque no haya llegado al tiempo pactado.)

"TE DOY UN PEDAZO DE MI EMPRESA, PERO TE LO GANARÁS CON EL TIEMPO"

ENSAYA TU PITCH.

Un pitch es cuando le cuentas a alguien de qué trata tu proyecto. Debes poder explicar tu producto en pocas palabras.

Ejemplo del paso 6 con el proyecto **Buenondismo**:

Después de muchas formas de explicar mi proyecto, puedo sintetizarlo así:

"Buenondismo es un curso sobre espiritualidad para que saques provecho de tus talentos y fortalezas".

COMPONENTES DE UN PITCH CORTO:

⇒ **PROBLEMA**
⇒ CONSECUENCIA
⇒ **SOLUCIÓN**
⇒ PROPUESTAS DE VALOR
⇒ CALL TO ACTION

Pitch

DEJA DE ABURRIR A TODOS!

VIVIMOS EN UN MUNDO DE

Un pitch es cuando le cuentas a alguien tu proyecto.
Debes poder explicarlo en pocas palabras.

Escribe tu pitch usando estos elementos:
Problema: cómo te enteraste de que existía la necesidad.
Consecuencia: cómo viste que afectaba a la gente la falta de tu producto.
Solución: algo como "por eso decidí hacer mi changarrito.com".
Propuestas de valor: describe las diferencias que tienes con tu competencia,
como: "el envío es gratis, estamos en todo el país"
Call to action: haz que la gente actúe con una frase, como "descarga la app"
o " regístrate", "llámanos", "visita nuestro sitio".

PITCH

1. Empieza con el problema que tiene la gente por no tener tu producto.
   El transporte en taxis en la ciudad es caro e inseguro.

2. Explica la consecuencia que esa carencia tiene en la gente.
   Eso hace que gastes más de lo debido y arriesgues tu seguridad.

3. Después anuncias tu proyecto.
   Por eso llegó Uber.

4. Propuestas de valor. ¿Qué tiene tu producto distinto a los demás?
   Nos encontramos en toda la ciudad, el precio está estandarizado, viajarás en coches de modelos recientes.

5. Algunos logros que hayas tenido con el proyecto.
   Estamos en miles de ciudades del mundo, somos la empresa de mayor crecimiento y ya facturamos millones de dólares.

6. Termina diciendo cuál es el estatus actual y qué harás ahora.
   Estamos cotizando en la bolsa y creceremos un X por ciento el próximo año.

7A. De tratarse de un cliente, debes pedirle una acción.
   Baja la app y comienza a viajar ya.

7B. De tratarse de un inversionista, debes decirle qué necesitas concretamente.
   Necesitamos mil-ocho-mil millones de dólares de inversión a cambio del X por ciento de la empresa.

TIENES 10 SEGUNDOS, ¿CÓMO ME VAS A IMPRESIONAR?

ELEVATOR PITCH

Un día estás en un elevador y de pronto se sube la persona a la que más te gustaría platicarle sobre tu proyecto para pedirle consejos, alianzas, inversión. ¿Qué le dirías?

Tienes unos segundos para conseguir su tarjeta para poder pedirle una cita en su oficina. Debes hacer que, con muy pocas palabras, tu proyecto le cause interés.

Debes poder decir tu pitch de 3 formas:

En una frase corta (unas 3 palabras)

En 140 caracteres (tweet pitch)

En 1 minuto

¿TU PROYECTO ES UNA COPIA DE ALGO QUE YA EXISTE?

DILO.

No tiene nada de malo copiar.

Todos copian.

Todos copiamos.

Es bien visto :)

No digas: "es una plataforma para compartir fotos y todos las suben para comentar los momentos de cuando estás en la playa…"

En ese caso puedes decir: "es como Instagram, pero sólo para la playa", punto.

Si es similar a algo que ya existe, parte de ahí.

Si mencionas el proyecto al que se parece, podrás enfocarte en hablar de las diferencias y tus propuestas de valor, en lugar de describirlo desde cero y matar del aburrimiento a tu público.

MEJOR

5 PALABRAS

QUE

5 MINUTOS

Está bien contarle a todos tu proyecto, pero nadie quiere escuchar más de la cuenta, sobre todo en una conversación casual.

Cuando te pregunten sobre tu proyecto, limítate a decir tu pitch de 5 o 10 palabras. Si la otra persona te pide más información, le das más detalles.

Es mejor que la gente te etiquete por medio de un pitch sencillo a que te recuerden como "el cuate ese que hace unas cosas como de redes sociales, pero no le entendí muy bien porque me echó un chorote".

CREA UN PROTOTIPO DE TU PRODUCTO.

Debes poder mostrar tu idea funcionando aunque sea de una forma muy rudimentaria.

Ejemplo del paso 7 con el proyecto Buenondismo:

El prototipo de Buenondismo fue un eBook gratuito. De esa forma comprobé que la gente necesitaba de la información básica sobre temas espirituales.

Eso hizo que me adentrara a dichos temas con mayor profundidad, y así se convirtió en el gran proyecto que es hoy en día.

Paso 7

Prototipo

Crea un prototipo de tu producto.
Muestra tu idea funcionando.

Describe la forma más sencilla de empezar tu proyecto. Por ejemplo, en lugar de "crear una nueva red social", puedes comenzar haciendo un grupo de Facebook o de Whatsapp para empezar a promover tu producto. ¿Cuál es la forma más rápida con la que podrías comenzar tu proyecto SIN GASTAR UN PESO (o lo menos posible)?

Antes:

Antes, si querías vender lámparas, primero invertías en crearlas para luego salir a buscar clientes que quisieran comprarlas.

Ahora:

Ahora debes crear un prototipo de la lámpara (incluso puede ser una imagen diseñada por computadora) y salir a vender. Cuando tengas un contrato haces las lámparas.

HAPPY PROBLEM

¿Qué prefieres? ¿:tener un producto o tener un cliente?

Puedes salir a vender tu proyecto mostrando sólo un prototipo o una simple presentación. Si alguien se interesa en tu producto y te hace un pedido, entonces tienes un HAPPY PROBLEM, es decir, tienes que entregar algo que te pidieron y quizás no lo tienes fabricado, ¡pero ya tienes un pedido! Es un problema, sí, pero de los problemas, es de los mejores.

Steve Jobs salió a vender computadoras
sin tenerlas construidas aún.

O por lo menos así pasa en la película

AHORA PODRÁS DECIR: TENGO UN PROBLEMA, PERO DE LOS QUE ME GUSTAN

Al principio tendrás que avanzar lo más posible sin utilizar recursos. Recuerda que estás probando si tu idea puede generar dinero.

Así que si ya empeñaste tu anillo de compromiso, no empeñes el de tu esposa (aún).

Préstamelo, vieja.

Te juro que te lo devuelvo.

EL DINERO
TE PUEDE CEGAR

Supongamos que hay dos empresas que necesitan dinero para arrancar. A una de ellas le dan un millón de pesos de contado. A la otra le dan el mismo millón, pero diferido, unos 50 mil pesos al mes.

¿Qué pasaría? Aparentemente, la empresa que tiene el millón completo avanzará más rápido y tendrá el éxito garantizado.

La otra empresa parecerá no avanzar tan rápido por no tener dinero, pero el poco dinero que tenga lo utilizará mucho más acertadamente.

La primera empresa contratará gente "para que hagan lo que se debe hacer", y pagará para que las cosas se hagan.

En cambio, la segunda tendrá que usar un recurso más valioso que el dinero: **la creatividad.**

NO TENER VARO TE HACE CREATIVO Y AGUERRIDO

No tengo varo, ¿y qué?

PIVOTEAR

Pivotear es cambiar tu modelo de negocios, modificar tu producto, replantear tu idea.

Debes estar dispuesto a cambiar todo lo que sea necesario de tu producto para que sea adecuado para los clientes y puedas venderlo.

PIVOTEAR ES MODIFICAR TU PRODUCTO HASTA QUE LE GUSTE A LA GENTE

(Y le sirva de algo).

TODO
ES MARKETING.

Todo.

Ejemplo del paso 8 con el proyecto **Buenondismo:**

En el caso de Buenondismo la imagen es esencial, ya que el curso, y el proyecto en general, está creado con muchas ilustraciones.

Así que siempre he tenido una obsesión por la imagen institucional del proyecto.

Desde el logotipo, el contenido de los videos y las publicaciones, todo está repleto de mucha carga visual.

Paso 8

¡TODO ES MARKETING!

Imagen

Crea tu identidad gráfica. Todo es marketing.
No aburras a todos con tus presentaciones.

Escribe una lista y palomea lo que vayas teniendo: logo, sitio web, redes sociales, tarjetas de presentación, video explicativo, gorra, taza, plumas, calzones... Ok, tal vez calzones no.

¡DEJA DE ABURRIR A TODOS!

VIVIMOS EN UN MUNDO DE
- **140** caracteres
- **1,000** amiguitos en FB
- **10,000** canales de TV

¿Cómo destacar?

¿Cómo llamar la atención de inversionistas y clientes?

Necesitas tener una presentación de tu producto muuuy reducida.

Los inversionistas están cansados de escuchar tantos proyectos y lo que menos necesitan es que llegues con otro pitch aburrido y lento.

CREA TU IDENTIDAD GRÁFICA

Logotipo
(aunque te lo haga tu sobrino).

Sitio web
(por más sencillo que sea).

Video explicativo
(para mostrar tu proyecto).

SINTETIZA Y EMPAQUETA LA INFORMACIÓN

SAL DEL CLÓSET.

Cuéntales a todos lo que haces.

Ejemplo del paso 9 con el proyecto **Buenondismo:**

El proyecto de Buenondismo es el más representativo de mi carrera en cuanto a salir del clóset se refiere.

Otros proyectos han sido muy comerciales pero, en este caso, estar en presencia de las cámaras y de la gente es esencial, ya que el proyecto soy yo mismo.

Tengo que estar dispuesto a aparecer en todos los medios posibles para que la gente me conozca y pueda consumir el producto.

Paso 9

Sal del clóset

Escribe los pasos que seguirás para que todos te conozcan, pero también incluye las barreras mentales que te impiden salir en la tele a nivel nacional.
¿Qué te detiene y qué piensas hacer al respecto?

Sal del clóset

¿Quieres tener chamba cuando tengas 75 años?

¡TIENES QUE SALIR DEL CLÓSET!

(COMO EMPRENDEDOR).

Por ahora puedes pensar que el futuro es tuyo, que siempre tendrás chamba, pero no necesariamente será así.

Puedes pensar que eso de promocionarse en redes sociales no es necesario para ti, pero cuando seas mayor, ¿por qué razón te llamarán para participar en un proyecto? Si nadie te conoce, ¿por qué habrían de pensar en ti como una buena opción?

Tienes que mantenerte vigente y a la vista de todos.

"Si no posteas no existes"
- Yo

PROMOCIONA TU PRODUCTO MÁS IMPORTANTE:

 **¡TÚ MISMO!**

Antes decían que estábamos en la era de la comunicación, ahora estamos en la era de la reputación. Tenemos un perfil público, un avatar, debemos utilizar esta oportunidad positivamente.

Puedes tener una empresa muy exitosa, pero si luego te sales de esa empresa y buscas participar en otros proyectos nuevos, es posible que mucha gente no sepa ni quién eres.

Parte de la promoción de tu empresa debes orientarla en ti mismo. Deja que tu nombre sea reconocido y genere credibilidad.

¡sí!

Seamos como los niños, les vale madres casi todo.

Quién es el ególatra:

¿El que se muestra a los demás o el que se esconde?

De niños podemos pararnos delante de toda la familia y bailar como locos. Gritamos, pedimos, exponemos nuestros sentimientos a flor de piel.

Después crecemos y nos creemos mucho, pensamos que debemos cuidar una imagen, nos da pena bailar como locos y también nos da pena mostrarnos en redes sociales.

No hay nada que temer: de todas formas, sólo somos una bola de mamíferos.

Sal y grita lo que haces, muéstrate ante todos y que te vean, que no te dé pena ser imperfecto.

YO NO PUBLICO EN REDES SOCIALES, NO ME GUSTA ESO DE SER FAMOSO...

¡JAJAJAJAJA! ¿EN SERIO CREÍAS QUE TE IBAS A HACER FAMOSO? ES MUUUY DIFÍCIL LOGRAR UN IMPACTO REAL, ASÍ QUE NI TENGAS MIEDO DE SER FAMOSO PORQUE NO LO LOGRARÁS AUNQUE TE ESFUERCES MUCHO.

FAMOSO
ES QUE TE
RECONOZCAN
EN EL
OXXO.

RECONOCIDO ES QUE CIERTO
GRUPO DE GENTE RECONOCE
ALGO QUE HACES BIEN
(y eso es bueno).

NADIE TE VA A ROBAR TU IDEA

No tengas miedo de contarle a todo mundo tus ideas. Nadie te las va a robar, y si alguien te las roba, hay que ver si ese alguien logra concretarlas. En ese caso, contacta a esa persona y haz una alianza con ella.

LAS IDEAS NO VALEN, SÓLO EXISTEN CUANDO SE CONCRETAN.

NETWORKING

Es sorprendente lo que puede avanzar tu proyecto por el simple hecho de conocer gente nueva mientras te tomas una cerveza.

La mayoría de los emprendedores se muestran muy receptivos para conocer personas que puedan representar una alianza, o por el simple hecho de contactar a otros que están en el mismo camino startupero.

Casi todos los eventos de emprendimiento tienen un momento dedicado al networking.

Básicamente se trata de conocer gente con una chela en la mano →

COWORKING SPACES

A la gente que trabaja por su cuenta no le gusta trabajar todo el día en su casa en pijama.

Muchos necesitan separar la vida del trabajo así que necesitan tener una oficina.

El costo de rentar una oficina para una sola persona es muy elevado, así que una buena opción es ir a un espacio de coworking. Son lugares donde pagas una membresía diaria, semanal, mensual o anual, a cambio de un espacio de trabajo. Suelen incluir internet, luz, teléfono fijo, café, sala de juntas, seguridad, etc.

Suelen organizar eventos que promueven el emprendimiento y la colaboración entre los integrantes.
Sirven para que hables de tu proyecto.

DI NO AL EMPRENDEDOR EN PIJAMA

DEFINE TU PRODUCTO MINÍMO VIABLE.

Enfócate en un solo producto
y sácalo a la luz.

Ejemplo del paso 10 con el proyecto **Buenondismo:**

Me dan ganas de sacar todo tipo de productos con el tema de Buenondismo, pero tengo que aplacarme y sólo dedicarle energía al producto que estoy creando ahora mismo.

Hay cursos, libro, audiolibro y conferencias. No pienso seguir creando cosas si no termino la que estoy haciendo en el momento presente.

Paso 10

MVP

Define tu Producto Mínimo Viable.

Saca a la luz un solo producto lo más pronto posible.
Hasta que tenga éxito tu primer producto sacas el segundo.

Haz una lista de los productos o servicios que podrías brindar con tu proyecto.
Ordénalos del más fácil de crear al más difícil. ¡Ahora escoge SÓLO UNO!
(Sólo uno, sólo uno, en serio, escoge sólo uno.)

MVP
HASTA QUE DUELA

GLOBAL

LOCAL

MVP significa Minimum Viable Project, o Producto Mínimo Viable, que quiere decir algo como: **"al principio pon a la venta tu producto más fácil de producir y sacar al mercado".**

Saca tu producto a la venta, por más incompleto que se encuentre, de esa forma recibirás opiniones de la gente y podrás modificar lo que sea necesario.

Enfócate en ese producto hasta que tenga éxito. Después de eso podrás lanzar otro producto.

Te va a doler dejar pasar proyectos en los que te gustaría participar, pero valdrá la pena.

En el caso de una quesadillera, sería sólo vender quesadillas de TINGA

PRODUCTO UNO, LUEGO PRODUCTO DOS.

(AUNQUE LE DUELA, SEÑO).

"Si no te avergüenzas de tu producto al sacarlo a la luz, quiere decir que lo sacaste muy tarde".

– Reid Hoffman, cofundador de LinkedIn

Si te esperas a tener tu producto súper terminado, no serás feliz hasta lograrlo.

Si sacas tu producto de forma más minimalista, serás feliz desde el principio.

Las startups viven a base de "testear-aprender-modificar, testear-aprender-modificar".

¡Seguramente tu producto final será diferente a lo que habías pensado porque tu producto lo habrá diseñado la gente!

MÁS VALE UNA PATINETA QUE UN COCHE QUE NO SIRVE

En lugar de soñar con tu producto y estar contento sólo cuando tengas el resultado que tenías en mente (como un coche), debes construir una versión increíblemente sencilla (como una patineta). Dependiendo de la opinión de tu cliente, le agregarás otros componentes (convertirlo en una bici, luego en una moto), hasta que un día, con la seguridad de la aceptación del consumidor, saques tu producto como lo habías imaginado (el coche).

ÉXITO EMPRESARIAL
ES QUE TODA
TU INFRAESTRUCTURA
SEA UN TELÉFONO
(Y QUE CASI NO LO USES)

MIENTRAS MENOS INFRAESTRUCTURA MEJOR

Mientras menos infraestructura necesites para generar dinero,
tu éxito empresarial será mayor.
Hay personas que tienen una empresa con mil empleados,
tres edificios, miles de computadoras
y veinte abogados de planta.

Por otro lado, puede existir un grupo de personas
en un sótano con 3 computadoras que facturen
más que la empresa gigante.

Las empresas no hacen dinero

EL DINERO LO HACEN

LOS PROYECTOS

Todos sueñan con tener una empresa grande, con muchos empleados e infraestructura, pero las empresas son el resultado de un producto que se vende.

Lo primero que debes tener es un producto que le guste a la gente y que se venda. Después de eso, quizá necesites una empresa.

PI PI PI
ROYECTOS
ROYECTOS
ROYECTOS
OYECTOS   PROYECTOS
OYECTOS   PROYECTOS

ENFÓCATE EN TU PRODUCTO, NO EN LA EMPRESA.

Alguien: Seamos socios.

Tú: ¿Socios de qué?

Alguien: De una empresa.

Tú: Mejor seamos socios de un proyecto y cuando hayamos hecho diez proyectos pensamos si hacemos una empresa, ¿va?

129

DEJAR PASAR 99 PROYECTOS PARA QUE UNO TENGA ÉXITO

Unos dicen que para hacer bien un proyecto debes dejar pasar otros 99 proyectos que te llamaron la atención.

Y otros dicen que no debes poner todos los huevos en una misma canasta, es decir, tener proyectos adicionales.

¿Quién los entiende?
Pónganse de acuerdo.

¡QUÉ DIFÍCIL ES VER PASAR LOS PROYECTOS Y NO SER PARTE DE ELLOS!

(Nota del pobre autor.)

VALIDACIÓN. COMPRUEBA QUE A LA GENTE LE GUSTE TU PRODUCTO.

Pon a prueba la efectividad de tu proyecto todo el tiempo, busca las razones por las que fracasaría. Es una startup, no una empresa. Puedes experimentar. DEBES experimentar.

Ejemplo del paso 11 con el proyecto **Buenondismo:**

No pienso ponerme a crear nada si no estoy seguro que tendrá aceptación, así que cada paso que doy de este proyecto, está validado por la gente.

Si te pones a crear cosas que no se van a consumir, tendrás un gasto de energía innecesario.
Seguiré preguntando a la gente sobre los avances del proyecto y así sabré que estoy dando los pasos adecuados.

Paso 11

Validar

Que la gente compre tu producto.
Entérate si realmente harás dinero.

Escribe las pruebas de que a la gente le gusta tu producto.
Pruebas de que la gente quiere pagar por obtener lo que ofreces.
Escribe cómo le demostrarías a un inversionista que tienes
consumidores, clientes, compradores.

VALIDACIÓN

Tú puedes tener muy clara tu idea de negocio en tu cabeza. Crees que tendrás que encerrarte en tu garage hasta crear algo impresionante y después de eso saldrás a romper récord de ventas.

El mundo real no es así.

Primero debes sacar tu *crappy prototype* (prototipo chafa). Si a la gente le gusta tu versión preliminar, probablemente estará dispuesta a comprar tu producto final.

Entonces, lo primero que debes hacer es VALIDAR, es decir, salir a la calle a mostrar tu producto a todos y tomar nota de los resultados.

Sirve tu producto?

La gente lo compraría?

[NETA?]

VALIDACIÓN QUIERE DECIR:
ASEGURARTE DE QUE A LA GENTE LE GUSTA TU PRODUCTO

Haz reuniones con amigos para mostrarles tu producto (en serio).

Antes

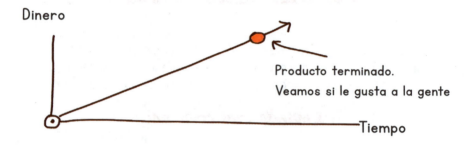

Dinero

Producto terminado.
Veamos si le gusta a la gente

Tiempo

Ahora

Dinero

Sacas lo más pronto
posible tu producto

Vuelves a sacar tu
producto con los cambios

Tiempo

Cambias tu producto según la opinión de la
gente (las veces que sea necesario)

Contrario a lo que te decía tu abuelito:
no esperes a tener tu proyecto
terminado.

¡Sácalo a la luz ya!

Debes sacar a la luz tu producto lo más pronto posible
para que sepas qué opina la gente de él.
Potenciar lo que les agradó y minimizar lo que no gustó.

Después deberá salir de nuevo al mercado para ver
los resultados y modificar el producto nuevamente.
Así sucesivamente, todo el tiempo.

Los productos no los debes crear tú,
los debe crear tu cliente.

"FAIL FAST SUCCEED FASTER"

"Fracasa rápido.
Ten éxito más rápido".

Mientras más pronto te enteres de que algo va mal
con tu proyecto, en mejor momento estarás para
modificar la estrategia y cambiar las cosas
para buscar mejores resultados.

*Si te vas a caer de un árbol, mientras
más cercana esté la rama del piso, menor
será el dolor de la caída.*

DISFRUTA LA CAÍDA

¿YA QUÉ?

12.

COMPROMÉTETE CON TU PROYECTO, OBSESIÓNATE.

Si quieres que suceda algo
con tu proyecto, debes trabajar
muy duro todos los días. Muy.

Ejemplo del paso 12 con
el proyecto Buenondismo:

OBSESIÓNATE.

Estoy ultra obsesionado con el proyecto, al igual
que con todo lo que hago. Si no le pones toda tu
energía a tus creaciones, no llegarán
a donde deseas.

No dejo de pensar y actuar en el proyecto, todo
el día, todos los días. Siempre que puedo avanzar
un poquito, lo hago. No espero a que se reúnan los
elementos, hago algo con lo que tengo a la mano.

Paso 12

Obsesiónate

LOS LATINOS SOMOS CHINGONES

Comprométete con tu proyecto. Si quieres que suceda algo con tu startup, debes trabajar muy duro todos los días. Muy duro. Muy.

Escribe las acciones que tomarás para ponerle TODA tu energía a tu proyecto. ¿Que harás todos los días para que tu proyecto tenga éxito? ¿Hay cosas que te quitan el tiempo? ¿Cuáles de ellas quitarás de tu vida para poder enfocarte? ¿Qué estás dispuesto a sacrificar? ¿Ya tienes tatuado el logotipo de tu empresa?

Piensa global / Actúa local

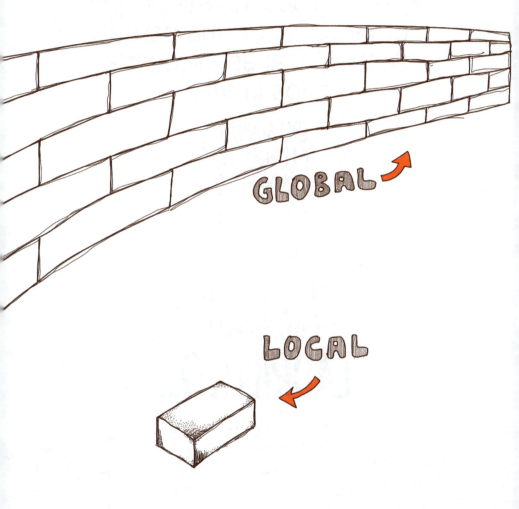

GLOBAL

LOCAL

Imagina que quieres crear una pared. Sueñas cómo se verá cuando la termines, de qué color la pintarás y cómo la adornarás, pero para construirla debes crear ladrillos, y eso te da flojera. Debes olvidarte de la pared y ponerte a hacer ladrillos, enfocarte en el ladrillo que tienes enfrente y sólo en ese ladrillo hasta que, de pronto, un día eches un vistazo y tengas una pared.

Pensar global es saber que quieres hacer una pared. Actuar local es enfocarte en los ladrillos.

UN LADRILLITO, Y LUEGO OTRO LADRILLITO, DESPUÉS OTRO LADRILLITO Y OTRO LADRILLITO, LADRILLITO, LADRILLITO...

Una vez preguntaron a unas personas:
"¿Te puedes comer a un elefante?"

La mayoría respondió que no, excepto una:
"Claro que puedo".

Y entonces le preguntaron:
"Ah, ¿sí?
¿Cómo lo harías?"

Ella respondió:

"Primero me comería un bocado, después otro bocado, luego otro y después otro y otro..."

(Todo se puede, no te espantes por la magnitud del proyecto.)

NO COMPRES TU EMPRESA, ¡CONSTRÚYELA!

Si alguien te diera dinero para tu empresa y te pusieras a contratar gente, eso sería comprar la empresa, pero si dejas crecer a tu empresa sin empleados y vives tú mismo los puestos que se necesitan cubrir, conocerás a profundidad las necesidades reales de tus procesos. Ahí estarías "construyendo tu empresa".

No sólo se trata de contratar personas, se trata de cubrir puestos bien definidos.

LAS CRISIS TE AYUDAN A ENFOCARTE

EN LAS VERDADERAS NECESIDADES

DE TU PROYECTO

Sé el pez más grande del estanque. Cuando domines ese estanque, busca tu próxima meta.

Si te vas a un estanque muy grande te comerán los peces que son más grandes que tú.

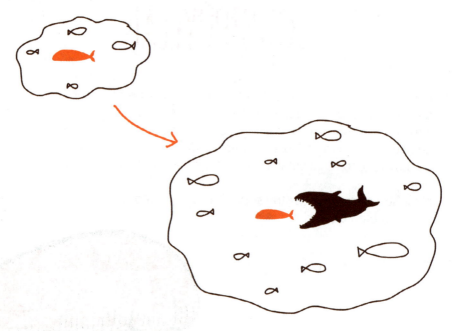

Un estanque a la vez.

Evita meterte con Sansón a las patadas.

Si quieres vender tu producto mundialmente, es buena idea comenzar con tu ciudad.

(aprende de los peces más grandes)

EL VALLE
DE LA MUERTE

El Valle de la Muerte es cuando se te acaba
la inversión inicial y tienes que ganar dinero
de la empresa. Pueden pasar meses o años
terroríficos y esa puede ser la causa de que
la empresa nunca vea el éxito. Es el momento
en el que muchas startups han fracasado, ya que
es difícil conseguir más inversión si la empresa
no está dando resultados.

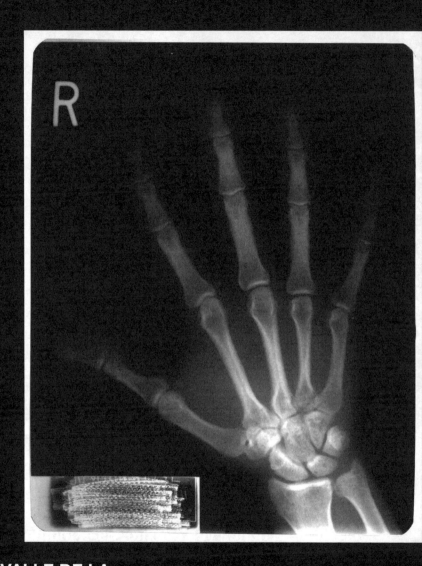

**EL VALLE DE LA
MUERTE TE PONE
A PRUEBA COMO
EMPRENDEDOR.**

ES BUENO TENER MIEDO

Si sientes miedo quiere decir que estás haciendo algo que vale la pena con tu vida. La seguridad sólo te va a hacer sentir como un zombi aburrido.

Cada vez que sientes miedo es porque tu mente está proyectando una película de todo *lo* malo que puede pasar. Ese sentimiento de temor es una alarma que debe ser traducida a un llamado a la acción: ¿qué puedo hacer en este momento para que mi situación mejore, para que mi proyecto avance?

El miedo te debe impulsar a la acción por mínima que sea. Hagas lo que hagas será un avance.
La acción es la única salida de las crisis.
Siente el miedo y disfrútalo, ya que es tu amigo que te recuerda que debes ponerte a chambear.

Recuerda siempre algo:

TODO TE

LA CLAVE:

CONVERTIR EL MIEDO EN ACCIÓN

Siempre hay algo que hacer y lo sabes:

- Ordenar tu disco duro

- Actualizar tu sitio web

- Llamar a clientes

- Limpiar tu escritorio (aunque sea)

CAPITAL SEMILLA.

Una vez que tienes presentable
tu proyecto, puedes pedir un poco
de ayuda a tu gente cercana.

Ejemplo del paso 13 con el proyecto Buenondismo:

No ha llegado el caso de tener que pedir dinero a la gente para el proyecto, pero si en algún momento se necesita, lo haré.

Capital semilla FFF

Si tu proyecto tiene futuro, se vale pedir
un poco de apoyo a gente cercana.
Con crowdfunding, por ejemplo.

Escribe las razones por las que la gente apoyaría tu proyecto.
¿Será muy atractivo lo que darás como recompensa a tus fondeadores?
¿Harás algo bueno con el dinero? ¿Llevas mucho tiempo con el proyecto
y la gente siente que mereces ayuda?

AL PRINCIPIO SE VALE PEDIR UN POCO DE AYUDA A LAS TRES EFES.

FFF

FAMILY + FRIENDS + FOOLS

Los que te mantienen mientras estás de EMPRENDIGENTE

CROWDFUNDING

Crowd: gente.
Funding: fondear, dinero.

Crowdfunding: obtener dinero de las masas.

Hay muchas plataformas en las que puedes subir un video y una explicación breve sobre tu proyecto para, de ese modo, solicitar dinero y que la gente invierta en tu idea. Tú deberás ofrecer recompensas viables que ellos recibirán cuando apoyen el proyecto.

Ejemplo:

Una banda de rock quiere sacar su disco pero no tiene dinero para producirlo. Suben su proyecto a una plataforma de crowdfunding y piden dinero a sus fans. Ellos ponen una meta que desean alcanzar. La gente da dinero, y si la banda llega a su meta, entregará las recompensas que prometió, como discos autografiados, playeras de la banda, entradas a conciertos, etc.

En México: http://www.kickstarter.com/mexico

CROWD EQUITY

Crowd: gente.
Equity: acciones.

Crowd Equity: obtener dinero de las masas a cambio de acciones.

Es distinto al crowdfunding convencional, en este caso no se trata de dinero a cambio de recompensas, sino a cambio de un pedazo de la empresa.

En México: http://playbusiness.com

PEDIR VARO A LA GENTE
a cambio de un cachito de tu empresa

CROWDSOURCING

Crowd: gente.
Source: fuente, emanación.

Crowdsourcing: creación colectiva por medio de las masas.

Es como el crowdfunding, pero no pides dinero a la gente, sino que pides mano de obra.

También es una forma de seleccionar personal entre las masas, ya sea que la gente responda a una convocatoria en la que se seleccionará a cierta cantidad de personas, o en algunos casos, se trate de la creación colaborativa de un proyecto público en internet, en el que todos pueden participar con su talento y tiempo.

Ejemplo de selección de personal en México:
http://www.fricmartinez.org

CREACIÓN
COLECTIVA,

GRANDES
RESULTADOS.

4 razones

por las que alguien tendría interés en dar dinero o tiempo a tu proyecto.

1. **Las recompensas son buenas.** O sea, la gente da dinero porque lo que entregas a cambio es muy bueno.

2. **Harás algo muy bueno con el dinero o proyecto.** Si la gente sabe que con el dinero recaudado harás un bien mayor, ellos sienten que están cooperando para algo loable. Por ejemplo, ayudar a una asociación sin fines de lucro o llevar ropa o trabajo a una comunidad necesitada. Vaya, algo que haga que tus donadores se sientan orgullosos.

3. **Eres necio y te lo mereces.** La tercera razón es cuando la gente ha visto que estás empeñado en llevar a cabo tu proyecto o empresa y que llevas años trabajando duro. Te ven publicar cosas relacionadas desde hace años en redes sociales y a la hora que pides dinero, la gente te apoya por empatía.

4. **Ser parte.** La gente puede apoyar tu causa por el simple hecho de ser parte de algo. Quizás eres una figura pública o tu proyecto será visto por mucha gente, así que muchos querrán ser parte de eso junto contigo.

AHORA SÍ, YA PUEDES CREAR UNA EMPRESA.

(Siempre y cuando estés avanzando
bien con tu proyecto.)

Ejemplo del paso 13 con el proyecto **Buenondismo:**

Por ahora las funciones empresariales del proyecto se han realizado desde la "empresa madre", o sea, Fric Martínez S.A.P.I. de C.V.

Paso 14

Haz una lista de los trámites que necesitas
y palomea los que ya terminaste.

MI PROYECTO ESTÁ AVANZANDO,
YA NECESITO TENER UNA

Empresa

Ahora sí, ya puedes crear una empresa.
¿Para qué hacer el trámite de una empresa
si tu producto no se vende?

Mucha gente comienza diciendo algo como:

"Oye, ¿porqué no hacemos una empresa? Tú haces el producto, yo lo vendo, mi primo es el de los dineros, y tu prima hace lo tecnológico. ¡Vale, vayamos a una notaría y firmemos el acta constitutiva!"

¿PARA QUÉ QUIERES HACER TODO EL TRÁMITE DE CREAR UNA EMPRESA SI TU IDEA NO SIRVIÓ?

TÚ NO QUIERES UNA EMPRESA

El madrazo

El ejemplo que doy en mis conferencias:

"Imaginen que estoy hablando aquí en público
y alguien me está grabando con su celular, y de
pronto me tropiezo y me caigo súper fuerte y me
pongo un madrazo gigante con el micrófono en la
nariz y hace un ruido espectacular y me levanto
con sangre por todas partes. E imagina que la
persona que me grabó sube el video a YouTube
y comienza a tener muchas vistas y el video
se hace viral y súper famoso. El que me grabó
empieza a ganar dinero por haber dejado que
YouTube pusiera publicidad en el video y se hace
millonario..."

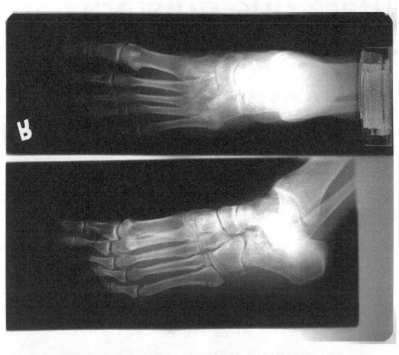

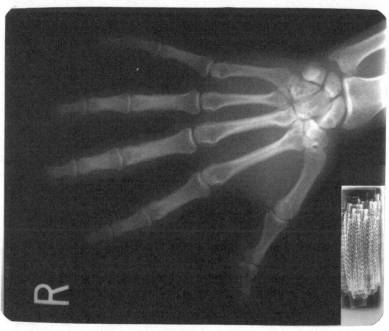

¿Para qué quisiera esa persona tener una empresa?

Si tu video está generando mucho dinero, ¿para qué constituirías una empresa? Mientras más fácil sea generar el dinero, mejor.

Razones por las cuales necesitarías hacer una empresa:

- Quieres pedir un fondo al gobierno.

- Deseas una tarjeta de crédito que no esté a tu nombre.

- Quieres meter al proyecto a un socio y desean que quede bajo parámetros y normas bien establecidas.

Deben existir muchas otras razones, pero el caso es que debes esperar a que veas que tu producto se mueve y hace dinero como para constituir una empresa ya formalmente.

¿Necesitas un asesor legal?
Te recomiendo mucho a
Víctor Hugo Arenas.
victorhugoarenas@gmail.com

MENTORÍA.

Busca gente que sepa del tema de tu proyecto y pídeles consejos hasta hartarlos.

Ejemplo del paso 15 con el proyecto **Buenondismo:**

He recibido mucha mentoría de quienes han caminado por el sendero que yo quiero ir.
Me atrevo a escribirle o a llamarle a quien sea necesario para pedirle consejos.
A quien sea.

pide ayuda!

Mentoría

Busca mentores que sepan del tema de tu proyecto
y pídeles consejos hasta hartarlos.
Indaga, investiga, pregunta, cuestiona.
Pide opinión a tus tías y abuelas también.

Haz una lista de personas a quien puedes pedirles su opinión.
Gente experta que sepa mucho del tema de tu proyecto.

¡Sé humilde, pide ayuda!

No
lo sabes todo.

El simple hecho de pedir un consejo te puede ahorrar mucho dinero y tiempo.
Consigue el contacto de quien consideres la persona correcta y contáctalo.

Si consigues el mail de
Carlos Slim, escríbele.
Si consigues su teléfono celular, llámale.

Carlos Slim es un mamífero más, con miedo
a la muerte y con un estómago que necesita
evacuar casi todos los días. Toda persona tiene
un minuto de su tiempo para darte un consejo de
utilidad, no tengas miedo a molestarlos.

Tip 1: No les preguntes tonterías, debes haber avanzado con tu proyecto lo suficiente como para que tus preguntas sean de calidad.

Nada de: "Señor Slim, oiga, buenas tardes, quiero hacer una comunidad de creativos para que se consigan chamba entre ellos, ¿cómo empiezo?"

Es mejor algo como: "Señor Slim, tengo una comunidad con 40,000 creativos y estoy pensando en mi próximo paso, ¿usted qué haría en mi lugar?"

Tip 2: A nadie le molesta hablar de su especialidad, al contrario, les apasiona el tema y no perderán oportunidad de hablar de lo que saben.

LLAMA A TUS MENTORES A LAS 3AM...

Chale, otra vez el emprendedor que no deja de preguntarme cosas...

LLORANDO...

16.

GENERA TRACCIÓN.

SEGUIDORES, FANS, CONSUMIDORES, USUARIOS, CLIENTES...

Demuestra que a la gente le gusta tu producto.

Ejemplo del paso 16 con el proyecto Buenondismo:

TRACCIÓN.

La tracción es todo para mi proyecto, ya que un autor necesita lectores y un curso necesita gente que se registre.

Mis seguidores representan ventas de mis libros, asistentes a mis conferencias y clientes en general.

Mi producto soy yo mismo, así que mi energía, en gran parte, está enfocada en generar cada días más tracción.

Paso 16

Tracción

Seguidores, fans, consumidores, usuarios, clientes...
Tip: Mejor seguidores genuinos que muchos likes vacíos.

Escribe una lista de la tracción que has generado
y la que deseas obtener: cuántos mails tiene tu base de datos,
cuántos seguidores de cada red social, etc.

TRACCIÓN

Cuando una empresa, una persona o un producto tiene audiencia, es un buen punto a su favor, ya que tiene segmentado su mercado.

A los inversionistas les sirve saber qué tanta tracción tiene tu proyecto, es una forma de validar o asegurarse de que a la gente le gusta tu producto.

NO HAGO VARO PERO TENGO SEGUIDORES

(BUEN PRINCIPIO)

Whatsapp fue vendido
en 17 mil millones de dólares sin haber
generado dinero.

Pero tienen la tracción del mundo:
a ti, a mí y muchos millones
de usuarios más.

EARLY ADOPTERS

Si vemos que una empresa tiene 20,000 seguidores, pensamos:
"**GUAU, ESTOS CUATES DEBEN VENDER MUCHO**".

Pero, ¿esos 20,000 seguidores son de verdad o sólo gente que le dio like y no tiene interés en la empresa?

ES MEJOR TENER POCOS SEGUIDORES GENUINOS QUE MUCHOS LIKES VACÍOS

MI PLAN DE NEGOCIOS SE LLAMA
"1 MILLÓN DE FANS"

SUSCRIPTORES MATAN PLAN DE NEGOCIOS

Ya no importan tanto las corridas financieras y todo el viejo protocolo.

Ahora una persona puede tener millones de fans y eso vale más que cualquier plan de negocios, ya que ellos validan tu producto: tienes auditorio.

INCUBACIÓN.

Apóyate en una incubadora de negocios para que te ayude a poner en orden todo lo que has avanzado hasta ahora.

Ejemplo del paso 17 con el proyecto Buenondismo:

INCUBACIÓN.

He quedado seleccionado en tres programas de incubación, pero para Buenondismo no hace mucha falta, ya que tengo muy claro el camino que debo recorrer para que el proyecto crezca y se expanda.

Seguiré utilizando mi propia metodología para llegar a más gente y vender más. Sin embargo, si tu proyecto no tiene tan claro sus próximos pasos, incubarlo es una excelente opción.

Paso 17

Incubación

O sea, poner en orden todo lo que has avanzado hasta ahora.
Analiza si hay una incubadora que realmente invierta energía en ti.

Primero escribe una lista de las razones por las que necesitas
una incubadora. Después, escribe las opciones de
incubadoras que conoces, describe los pros y contras de cada una.
Toma tu decisión después de saber lo que te ofrecen.

Una ayudadita no sobra

INCUBACIÓN

Las incubadoras suelen ofrecer un programa de tres meses en los que te ayudan a que tu empresa esté presentable ante inversionistas. Ahí empieza el proceso de aceleración.

Los programas tienen un costo aproximado de 40,000 pesos y muchas de las incubadoras se quedan además con el 5% de tu empresa. Entre las obligaciones de la incubadora está brindarte asesoría de calidad para que tú puedas hacer que tu empresa crezca.

Escoge una incubadora que realmente te ayude.
Cuestiónalos, pídeles que te muestren su currículo.
¿Qué han hecho con otras startups?
¿Qué propuesta CONCRETA
tienen para tu proyecto?

NO TE
PONGAS
SANGRÓN.
(PERO QUE ELLOS
TAMPOCO.)

INVERSIÓN.

Pide inversión cuando estés seguro que realmente necesitas el dinero y tengas todo tu proyecto presentable.

Ejemplo del paso 18 con el proyecto Buenondismo:

ACELERACIÓN.

La inversión está conformada por la gente que compra mis productos. No necesito una inversión externa, ya que por la naturaleza del proyecto, el crecimiento debe ir de la mano a la aceptación de mis consumidores.

Lo ideal es que tu proyecto crezca con el dinero de las ventas de tu producto.

De esa forma el crecimiento irá de la mano de tus clientes.

Escribe los nombres de posibles inversionistas, las razones por las que necesitas inversión, qué harás con el recurso y cómo beneficiarías a tus inversores.

El negocio no crecerá por el dinero, sino por tu trabajo.
Pide lana cuando lo necesites realmente.

Inversión

INVERSIONISTAS

Las inversiones no crean tu negocio, sirven para activarlo, pero sólo funcionarán si tú haces el resto.

En la segunda inversión te van a preguntar qué hiciste con la primera inversión, y si los resultados fueron favorables, posiblemente tendrás interesados en invertir una vez más en tu proyecto.

MIENTRAS MÁS LOGRES AVANZAR SIN INVERSIÓN, MEJOR.

¿Para qué es

GAS

INVERSIÓN
(semilla, ángel)

TÚ

la inversión?

INVERSIÓN
(Ronda A)

INVERSIÓN
(Ronda B)

LOS INVERSIONISTAS Y TU SALARIO

A los inversionistas no les gusta que les pidas dinero para tu sueldo...

Ya que sienten que puedes dormirte en tus laureles al tener una entrada segura de dinero. Sin embargo, tampoco puedes asignarte un sueldo demasiado bajo, ya que los inversionistas pueden pensar que no te alcanzará para vivir y terminarás renunciando al proyecto (en el que ellos invirtieron su dinero) y buscarás otra opción que te asegure una entrada mayor.

AL PRINCIPIO NO
PIDAS DEMASIADO
SUELDO PARA NO
QUEBRAR TU EMPRESA.

PERO TAMPOCO EXAGERES,
NO VAYAS A TERMINAR
DURMIENDO EN LA CALLE...

Costo de Adquisición por Cliente.

Digamos que tienes un producto de $1,000 pesos y quieres promocionarlo en redes sociales. Los pasos serían así:

Inviertes $1,000 pesos en un anuncio de Facebook.
El anuncio es visto por 100,000 personas.
De las cuales le darán clic a la publicación unas 1,000 personas.
De esos 1,000 clics sólo comprarán unas 10 personas (si acaso).

Quiere decir que inviertes $1,000 pesos y recibes $10,000 pesos en ventas.

Por lo tanto, tu CAC es 1 a 10.

ES COMO MAGIA: METES DINERO DE UN LADO Y SALE MULTIPLICADO POR EL OTRO.

EL CAC PARA SEDUCIR INVERSIONISTAS

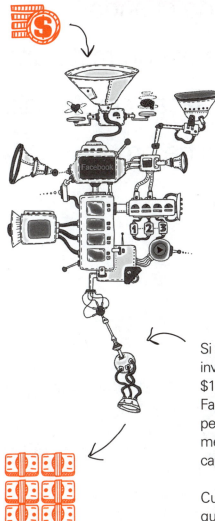

Red social

Si tú le demuestras a un inversionista que invirtiendo $1,000 pesos en publicidad de Facebook vas a vender $10,000 pesos de tu producto, es la mejor forma de demostrarle tu capacidad de generar dinero.

Cuando tienes las métricas que demuestran que tu CAC es así de positivo, tienes una FÁBRICA DE DINERO.

Una inversión de adulto

(millones), sucede cuando demuestras que encontraste una mina, de la cual sacas con tu pala unos pocos kilos de oro...

...y entonces llega alguien
y pone a tu disposición
cinco tractores*

*Importante:
Los tractores sólo
llegarán cuando tú
puedas sacar oro con
tus propios medios,
nunca antes.

FASES DE CRECIMIENTO DE UNA STARTUP:

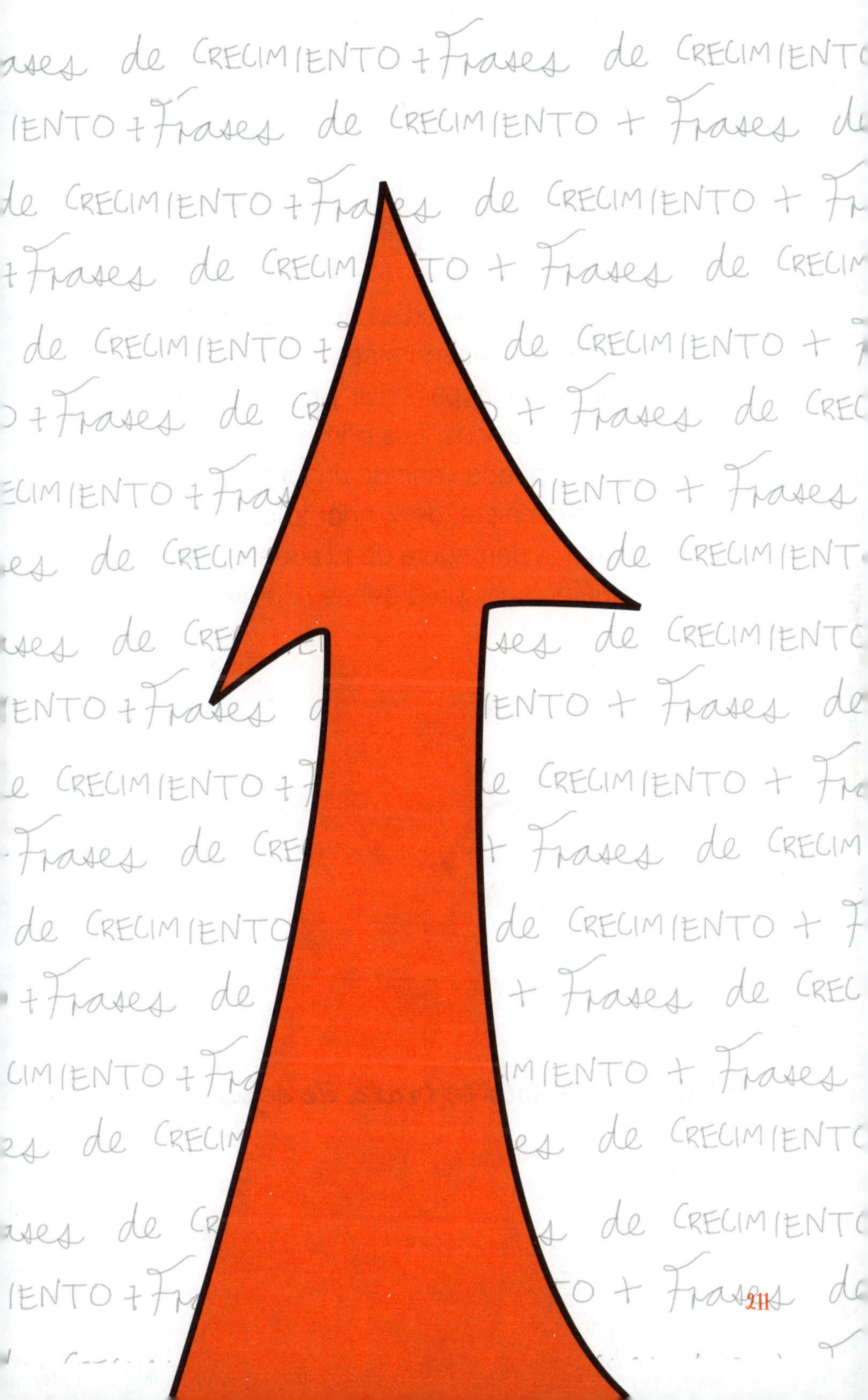
Frases de CRECIMIENTO +

CAPITAL SEMILLA

La primera necesidad es que sobrevivan los fundadores, asegurarse de que tengan comida, un lugar para vivir y poder cubrir los gastos básicos. Esa primera entrada de dinero puede venir de un familiar, de algún inversionista, de vender tu coche, de empeñar la dentadura de tu abuelita. De cualquier lugar, pero debes sobrevivir.

Al principio sólo se trata de seguir vivo

CAPITAL ÁNGEL

Los "ángeles inversionistas" son personas que invierten en proyectos viables.

Si les interesa tu proyecto, pondrán dinero para potenciarlo a cambio de un porcentaje de la empresa.
Sólo invierten si les atrae personalmente el proyecto. No son un grupo de inversionistas, no necesariamente se dedican a invertir, sino que son personas que apuestan, junto a ti, a crear algo redituable. Muchos de ellos ofrecen también una aportación de conocimiento, contactos, materia prima, etc.

CONVENCE A ALGUIEN CON LANA PARA QUE INVIERTA EN TU PROYECTO

CAPITAL DE RIESGO

(aceleración)

También conocido como
venture capital, son grupos de
inversionistas que invierten en
startups que ya tienen ventas.

Las sumas de estas inversiones son en
promedio de 5 a 15 millones de pesos.
Los inversionistas se quedan con un
porcentaje de tu empresa.

Si logras NO necesitar
de estas personas, mejor.

INVERSIONISTAS

APOYOS DEL GOBIERNO

Parte de los impuestos que pagamos se destina a organismos que promueven la existencia de más empresas exitosas en el país.

Cada año se destina un presupuesto a startups que tengan la capacidad de generar empleos y dinero.

El apoyo más común para emprendedores, en México, es el Instituto Nacional del Emprendedor (INADEM), que ha apoyado a muchísimas empresas.

http://www.inadem.gob.mx

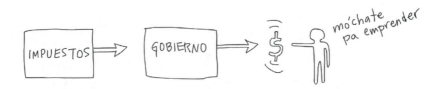

DEMUESTRA QUE TU PROYECTO SERVIRÁ AL PAÍS Y TENDRÁS RECURSOS DEL GOBIERNO.

RONDAS DE INVERSIÓN

Si hiciste un buen uso de la primera inversión, otros inversionistas querrán invertir más dinero.

Este es el criterio de los grupos de inversionistas: Inyectan varios millones a 20 startups.

10 de esas startups fracasarán.

5 startups subsistirán sin generar utilidad.

4 startups harán que los inversionistas recuperen su dinero.

1 startup de las 20 hará que ganen mucho dinero.

PREPÁRATE PARA

LAS GRANDES LIGAS

BOLSA DE VALORES

Cuando una empresa es muy exitosa, sus acciones se hacen públicas para que cualquier persona pueda comprarlas y venderlas en la bolsa de valores.

Si lograste hacer esto con tu empresa ya eres millonario. Ahora agarra tu dinerito e invierte en emprendedores con potencial para beneficiar a otras empresas para que todos crezcan igual que tú.

SI YA LLEGASTE A ESTE PUNTO
ERES MILLONARIO

(Adelante, puedes tirar este librito o regalárselo a un emprendedor principiante.)

¡Compren todos mi empresa!

**Haz
networking con
inversionistas.**

Hay que saber cómo hablarles a esos señores que tienen dinero.

19.

HAZ DINERO.
MUCHO DINERO.

Y mejora la vida de la gente.

Ejemplo del paso 19 con el proyecto Buenondismo:

Algo que tiene este proyecto es PROPÓSITO. La naturaleza de Buenondismo es justo esa: transmitir buena onda. Pero obvio, si no genera dinero, no podrá avanzar como debe. Así que la simbiosis es clara: generar dinero mientras ayuda a los demás.

Mi deseo más grande es crear felicidad para la gente y el camino para lograrlo es generar billete para impactar cada día más.

Riqueza

Haz dinero, mucho dinero.
(Es energía pura... con él puedes cambiar el mundo).

Escribe qué harías si obtuvieras mucho dinero con tu proyecto:
¿A quién apoyarías? ¿Cómo lo usarías para crear un mundo mejor?

Ser pobre no es chido **GENERA RIQUEZA**

Para ti y para la mayor cantidad de personas posible.

ACTITUD DE RIQUEZA

Hace poco compré por primera vez un libro de esos que tienen títulos tipo:

"CÓMO SER MILLONARIO".
Me encontré con unos consejos:

1. La vida no es algo que te sucede, es algo que tú creas para ti.

2. Comprométete a ser rico, después haz cosas buenas con el dinero.

3. Piensa en grande, atrévete.

4. Céntrate en oportunidades, no en obstáculos.

5. Admira a otros ricos y las cosas buenas que hacen.

6. Relaciónate con gente próspera.

7. Promociónate a ti mismo.

8. Sé más grande que tus problemas, no te agobies de más.

9. Exige que se te pague por resultados, no por tiempo.

10. Céntrate en tu fortuna neta, no en lo que ganas al mes.

11. Haz que el dinero trabaje para ti y no al revés, no seas un esclavo.

12. Actúa aunque tengas miedo.

EL EMPRENDEDOR LATINO TIENE MUCHO QUE APORTAR

NOMÁS PA QUE QUEDE CLARO

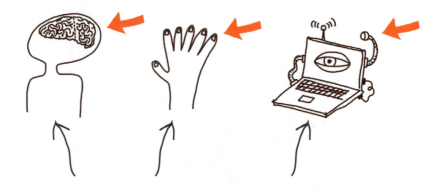

Los gringos no tienen un centímetro más de cerebro, ni un dedo más en la mano, ni computadoras traídas de otro planeta.

Los latinos tenemos mucho talento que ofrecer. Sólo falta CREER que podemos lograr cosas grandes y ponernos a trabajar con una mente global.

(Ya está sucediendo).

Estamos acostumbrados a vernos como "los pobres latinos que no podemos hacer nada bien" y cosas peores como "ser pobre es estar más cerca de Dios" y mil razones súper losers.

Justamente por eso no brillamos internacionalmente como podríamos hacerlo.

Es un hecho que en otros países es mucho más fácil tener éxito empresarial, pero el éxito no tiene que ver con el país en donde te tocó vivir.

229

LOS LATINOS SOMOS CHINGONES

Latinos tecnológicos

Los latinos somos grandes usuarios —y creadores— de tecnología. ¿Por qué? ¡Pues porque no tenemos dinero! Tenemos la necesidad de emplear la tecnología para no tener que pagar por cosas tan básicas como la comunicación.

Así que nada de que "nosotros los latinos somos chapados a la antigua, somos más artesanales, somos más análogos y no digitales", nada de eso, somos tecnológicos y muchas veces más que los güeros.

La tecnología es de todos para todos

LATINOS UNIDOS

Los latinos cojeamos en la parte de la colaboración. Bueno, no sólo nosotros, el ser humano en general. Pero particularmente a nosotros nos hace falta una buena dosis de colectividad para poder crecer en este mundo competitivo.

Juntos podemos hacer mucho, sólo tenemos que ejercitar el músculo de la colaboración. Ya tenemos la tecnología, somos millones de personas, ahora se necesita de un trabajo personal, individual, interno, espiritual, para que seamos una sociedad cooperativa.

COOPERANDITO
POR FAVOR

20.

SIN YOLANDA, MARICARMEN.

Cuando todo parece irse a la mierda...

Ejemplo del paso 20 con el proyecto Buenondismo:

Las cosas no han sido fáciles con Buenondismo ni con mis otros proyectos. He pasado por momentos de mucha desesperación. Mucha.

He tenido que sacar mi lado más aguerrido muchas veces en mi vida y seguiré usando esa herramienta llamada amor por la vida y mis proyectos.

Cada vez que he pasado una crisis con el proyecto, más crece en mí la seguridad para enfrentar el próximo reto.

Así que sin Yolanda, Maricarmen.

Paso 20

Espiritualidad

No dejes de avanzar aunque las cosas se pongan difíciles.
Contacta con tu ser espiritual :)

Escribe las cosas que van mal y sus soluciones. Escribe lo que te da miedo
y cómo responderás a ello. Cómo harás que tu mente regrese al presente
y se dé cuenta de que todo está bien en este momento.
Escribe qué libros de espiritualidad comprarás.

ME CARGA LA CHINGADA

EMPRENDER ES DIFÍCIL, MUY DIFÍCIL.

Hay muchos momentos en los que parece que todo se viene abajo. Sientes que estás acabado. Debes la renta, la colegiatura de tu hijo, no tienes comida... Parece que la única solución será pararte en una esquina a vender tu cuerpo (barato, además).

Esas crisis que nos dan a los que estamos emprendiendo son inevitables: parce que la presión te supera, te sientes pésimo por estar en una situación tan horrible, crees que toda tu vida se fue a la basura.

Bienvenido al club emprendedork.

MALAS NOTICIAS:

No te vas a volver loco. Vas a seguir dándole duro a tu proyecto.

OK, TU PROYECTO NO LEVANTA, TU EMPRENDIMIENTO SE PONE DIFÍCIL Y NO VES LA LUZ.

Es bueno pensar: "¿Qué es lo peor que puede pasar? No creo que termine inhalando resistol a lado de las vías del tren… Antes de eso viviría en casa de mi tío… Y quizá no tenga que llegar tan lejos… Podría compartir renta en el departamento de mi amigo… o pedirle dinero a mi hermano menor... O regresar a mi empleo anterior... O irme a vivir a casa de mis papás... Ahí siempre hay comida... Y me lavan la ropa..."

Una vez que ACEPTAS COMPLETAMENTE vivir con "lo peor que puede pasar", tu actitud cambia, te relajas.

Si ya te hiciste a la idea de vivir una situación que **no deseabas**, todo lo que sea mejor que eso será **ganancia.**

¿Qué es lo peor que puede pasar?

PUES QUE LAS COSAS CAMBIEN.

Y las cosas siempre van a cambiar, así que aguántate y sigue avanzando.

¿ESTÁS MUY PRESIONADO PORQUE LAS COSAS NO SALEN COMO TÚ QUERÍAS?

Cuando estés muy presionado sólo piensa que somos unos mamíferos muy lindos en un planeta que está dando vueltas quién sabe dónde y que este universo es un desmadre con estrellas naciendo y muriendo, con rocas candentes volando por todas partes…

Nadie dijo que iba a haber calma o estabilidad, ¡y está bien!

Hemos olvidado cómo ser un mamífero más en el planeta.

LA EXISTENCIA ES UN DESMADRE. ¡SUPÉRALO!

SÉ LO QUE SIENTES. VAMOS, TÚ PUEDES.

YA HICISTE LA PARTE MÁS DIFÍCIL, RENUNCIAR A UN EMPLEO.

Esto es neta:
EL ESTRÉS ES BUENO

Un estudio reciente demostró que el estrés es malo sólo para las personas que creen que es malo. Los resultados indicaron que inclusive el estrés puede ser benéfico, pero sólo para las personas que consideran que así es. Lo anterior no quiere decir que estar estresado sea recomendable, pero ya que es un hecho que sentirás estrés, lo ideal es pensar:

"Estoy estresado y eso quiere decir que mi cuerpo es sabio y está preparado para sobrellevar esta crisis".

Cuando tratas de esa forma a la ansiedad, tu cuerpo la siente como algo bueno y tu sistema nervioso se estimula y fortalece.
Eres poderoso, y **uno de tus poderes es el estrés**.

**¿Estás en una crisis?
Usa el estrés y
PONTE EN ACCIÓN.**

En momentos de crisis debes recurrir

AL
SER
SABIO
que vive dentro de ti

Lo único constante es el cambio.

No te claves en creer que el momento difícil que estás viviendo es para siempre. En menos tiempo de lo que crees estarás viviendo algo distinto.

¡Todo cambia todo el tiempo en todas partes para siempre!

El
llanto
vendrá.
Está bien
**llorar,
estás**
emprendiendo.

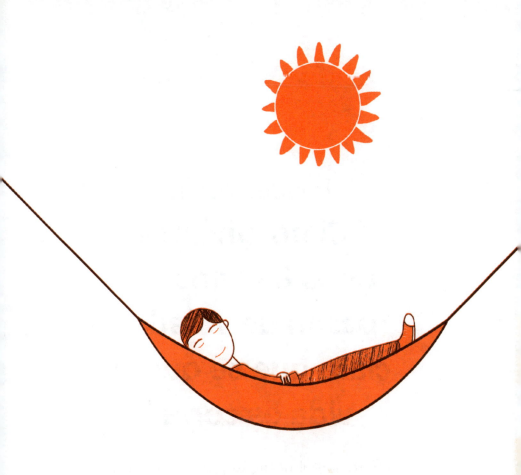

La vida es corta, carnal.
Relaja la raja.

Y disfruta la fruta.

Puedes decir:

"Claro, vivimos unos 80 años, se pasan de volada, claro que sé que la vida es corta".

Pero si realmente supieras qué tan corta es, usarías mucho mejor tu tiempo y disfrutarías más de la vida, o por lo menos no te preocuparías tanto.

Cuando seas un viejito, seguro pensarás: "¿Para qué me preocupé tanto? Sobreviví todos los obstáculos, después de todo, aquí estoy".

PIDE Y SE TE DARÁ.
(Neta.)

Algo clave para lograr tus metas es creer que puedes hacerlo. Tu mente es muy poderosa.

Sólo basta que sientas que puedes lograrlo, las cosas se te darán y lograrás tus objetivos, no por una cuestión divina o porque el universo bla bla bla, sino porque la frecuencia que emana alguien que da por hecho que puede lograr algo genera el ambiente propicio para que suceda.

Atrévete a desear lo que quieras y lo obtendrás.

Saca tu lado espiritual
y aguanta vara.

LEY DE ATRACCIÓN

Hace tiempo, unos científicos hicieron un experimento: operaron de la rodilla izquierda a 40 personas que tenían el mismo padecimiento. Después cerraron la herida, les dieron unos días de recuperación, les hicieron fisioterapia… los 40 quedaron en perfectas condiciones y pudieron caminar de nuevo. Después les dieron la noticia de que sólo a 20 de ellos los habían operado realmente, a los otros 20 sólo los abrieron y cerraron sin hacer nada. ¿Quién hizo el trabajo? **La mente.**

No es fácil, pero debes tener la voluntad de practicar un simple hecho: SENTIR que ya tienes lo que quieres.

No le hagas caso a las barreras de tu mente, sólo sigue sintiendo en el cuerpo (no solamente pensando) que ya tienes eso que quieres tanto.

Aunque se escuche muy new age,
siente en tu cuerpo lo que deseas

todos los días

y lo tendrás.

¿AFERRADO?

Es importante darte cuenta cuando realmente chafeó tu proyecto.

Si no jala, cambia cosas.
Si no jala, cambia el modelo de negocios.
Si no jala, cambia radicalmente la idea.
Si no jala, mándala a volar.

Si te aseguraste de validar tu idea, promocionarla, probarla, cambiarla, etc. Si moviste TODOS los ingredientes y realmente agotaste TODAS las posibilidades y te diste cuenta de que tu idea no se convertirá en una empresa exitosa, será mejor dejarla ir y poner energía en otra cosa. Mientras más pronto mejor, mientras menos energía y dinero hayas gastado, mejor. Quizás en unos años se den las circunstancias más favorables y puedas retomar el proyecto, y si no, ni modo. No te preocupes, se te va a ocurrir otra cosa.

GRACIAS A LOS QUE ME HAN CERRADO LAS PUERTAS

Gracias a los que me han dicho que no, a los que me han negado ayuda, negocios, trabajo, información, cualquier cosa.

Gracias a los que no me han apoyado tuve que esforzarme más, gracias a ellos tuve que utilizar la creatividad por encima de todo. Me hicieron más fuerte. La falta de apoyo me hace generar la energía por mí mismo.

Mientras más me han negado la ayuda, más crece en mí una obstinación sana.

CUANDO ALGUIEN TE PERJUDIUQUE, LE DICES GRACIAS POR RECORDARME QUE ME LA VAS A PELAR

Los fracasos no son algo malo, son aprendizajes que te ayudarán a ser mejor.
A veces queremos evitar los fracasos al grado de cegarnos a la verdad, no queremos escuchar más que noticias positivas.

Los fracasos son buenos. Incluso los inversionistas pueden ver tus fracasos anteriores como algo bueno: "si ya fracasó algunas veces, no creo que vaya a cometer esos mismos errores".

Como dijo el director de Google "¿No has tenido fracasos? Y entonces, ¿de dónde sacas la información?"

LOS FRACASOS SON PURO
APRENDIZAJE POSITIVO
[PARA LAS MENTES ABIERTAS]

Más sobre el fracaso en
http://www.fuckupnights.com

PARTE 3
MIS EMPRENDIMIENTOS

DESGLOSE DE 2 STARTUPS:

A continuación, la metodología de los 20 pasos aplicada a dos proyectos propios:

Fric Martínez, además de ser mi seudónimo, es una comunidad de creativos y emprendedores.

Es una plataforma para conseguir trabajo y gente de cine, publicidad, arte, emprendimiento, etc...

Conócela en http://www.fricmartinez.org

Historia de
FRIC MARTÍNEZ!

Alrededor del 2007, yo era director de Organika y recibía muchos correos de gente que quería trabajar con nosotros (nuestra empresa era muy cool). Ya no podíamos ni queríamos tener más de 35 empleados, así que a los interesados les pedía que se unieran a un grupo de Facebook que había creado con ese propósito.

Cuando nos faltaba gente para algún proyecto, simplemente iba a mi grupo de Facebook y buscaba a alguien. Los freelancers seguían llegando y el grupo comenzó a convertirse en una comunidad de medios creativos. Yo no quería que sólo dependieran de mí para conseguir chamba, así que muy selectivamente, agregué a directores, productores y clientes de Organika a ese grupo, de forma que ahora los miembros tenían más oportunidad de conseguir trabajo. El crecimiento continuó y la gente empezó a usar mucho ese grupo, pero me di cuenta que los dueños de los estudios de animación no lo usaban, supongo que porque el grupo tenía la palabra Organika, así que decidí poner de administrador del grupo a un perfil de Facebook que yo tenía: **Fric Martínez.**

FRICMARTÍNEZ.ORG
en 20 pasos:

1. Problema. La gente creativa no encuentra fácilmente trabajo por la falta de sitios dedicados a medios creativos.

2. Producto. Comencé un grupo de Facebook para juntar a la gente dedicada a medios creativos a fin de que, entre ellos, se consiguieran trabajo.

3. Monetización. El proyecto lleva ocho años ayudando a los creativos mexicanos a conseguir trabajo de forma gratuita. Hay muchas opciones de modelos de negocio, pero nunca se ha implementado ninguna.

4. Emprende. Cuando vi que realmente estaba ayudando a la gente (cuando tenía unos 10,000 miembros), decidí invertirle energía al proyecto, e inclusive fue determinante para decidir salirme de Organika: no me daba dinero pero me daba mucha felicidad ayudar en algo vinculado a mi sector (el mundo creativo de mi país).

5. Cofounders. Hasta la fecha han desfilado muchos prospectos pero ninguno se ha quedado realmente.

6. Pitch. Bolsa de trabajo y comunidad de medios creativos.

7. Prototipo. Todo comenzó con un grupo de Facebook; después una *fanpage*, luego 18 grupos de Facebook que servían de foros de ayuda para las distintas categorías. Más tarde hice un sitio web que he modificado a través de los años para mejorar en todos los sentidos.

8. Imagen. Este proyecto surgió de una forma tan peculiar que, por alguna razón, al principio, la imagen institucional del proyecto estaba basada en un personaje en ilustración que hice cuando estaba en ¡sexto de primaria! Después de eso he cambiado el diseño de toda la comunidad.

9. Promoción. Después de ser anónimo por 4 años, decidí salir del clóset como Fric Martínez y cambié mi foto de perfil por una foto real mía y puse entre paréntesis mi nombre real (Carlos Matiella). Si hay algo que he hecho con ese proyecto es autopromoción (cosa que no hice en Organika). Ha sido un parteaguas el hecho de que la gente sepa que hay un humano detrás de todo esto, eso le da cara y corazón al poyecto.

10. M.V.P. El producto mínimo viable siempre fue la bolsa de trabajo. Siempre he hecho muchas cosas alternas con este mismo proyecto pero lo que sigue siendo el caballo de batalla y la razón principal por la que la gente es parte de este proyecto es la bolsa de trabajo. La gente necesita chamba y por eso mi solución sigue siendo la estructura principal de la startup.

11. Validación. Siempre he cambiado las cosas de acuerdo a la necesidad de los freelancers que buscan trabajo. Si algo no funciona, lo remuevo; si algo funciona, lo fortalezco.

12. Trabajo duro. Es muy difícil seguir poniendo energía en un proyecto que no te ha dado dinero en ocho años, pero luego recuerdo que me da mucha satisfacción y se me pasa.

13. Capital semilla. No vendí la dentadura de mi abuelita, pero he sacado dinero de donde sea posible para seguir avanzando con el proyecto.

14. Haz una empresa. La empresa la constituí en el 2014, o sea, 6 años después de haber empezado con la startup.

15. Mentores. He recibido incontables consejos —de parte de gente que respeto y admiro mucho— sobre qué hacer y hacia dónde llevar el proyecto.

16. Tracción. Se podría decir que este ha sido mi principal objetivo siempre: congregar a los creativos para después ver cómo puedo ganar dinero de esto. Hasta ahora somos cerca de 50,000 creativos mexicanos que interactuamos en la red de Fric Martínez, donde se han creado más de 8,000 empleos.

17. Incubación. No ha recibido una incubación formal.

18. Inversión. No he buscado inversión, ya que no quiero tener un inversionista pidiéndome cada mes su dinero de vuelta... Primero quiero asegurarme de generar un impacto real. En muchos casos, no generar dinero puede poner en riesgo el proyecto, excepto cuando el creador está tan comprometido que no hay riesgo de que abandone la misión (como yo).

19. Hacer dinero. Admito que me he mostrado renuente a simplemente convertir la comunidad en un negocio cualquiera, ya que no he querido deslegitimar algo que surgió con tan buena vibras y buenas intenciones. Esto no quiere decir que mis intenciones sean ser la madre Teresa, pero no quiero cometer un error con algo que tiene tanto potencial.

20. Avanza.
Bueno, si tengo un proyecto que ha necesitado paciencia, voluntad y obsesión, es este. Son muchos años los que llevo haciendo esto con la esperanza de que pueda gener ganancias y pueda generar un impacto real en mi país. He pasado por muchas etapas, incluyendo algunas que me hacen querer tirar la toalla, pero estoy seguro que algún día este proyecto me dará para comer y espero que mucho más que eso. Me apegaré al lema: "si solucionas un problema, terminarás ganando dinero".

¿Por qué Fric?

Cuando salió Facebook quedé tan impactado que hice un perfil anónimo para hacer experimentos sociales. El mail con el que hice ese perfil era feisbucfric en Gmail.

¿Por qué Martínez?

Cuando pido una pizza por teléfono, en lugar de dar mi apellido real (Matiella) que nadie entiende, prefiero decir Martínez, por practicidad.

Anonimato.

Los primeros cuatro años del perfil Fric Martínez fui completamente anónimo, ya que no quería que se supiera que "el grupo en donde se consiguen chambas de medios creativos" era propiedad de Organika (yo deseaba que fuera para todo el medio y no sólo para nosotros). Fue muy curioso que nadie sabía quién era ese tal Fric Martínez (ni siquiera mis amigos cercanos).

Salí del clóset.

Un día estaba de viaje en Yucatán y me dio mucha gripa, y en una madrugada tuve una fiebre muy fuerte, estaba alucinando como si me hubiera comido diez peyotes y mi mente no dejaba de repetir un pensamiento: "Pon tu nombre y foto real en tu perfil de Facebook". Sentía que si no le decía a la gente que yo era Fric Martínez, cualquier persona podía adjudicarse el nombre y no tendría forma de demostrar lo contrario. Ya había trabajado mucho en ese proyecto como para que cualquier persona me robara mi identidad (falsa, pero mía).

Estuvo tan claro el mensaje que un mes después lo hice. Me divirtió mucho la sorpresa de la gente y sus comentarios: todos pensaban que era un chavito flaquito de lentes y no un señor gordo, güero y hippie.

Lo emocional:

Antes de crear la comunidad de medios creativos, yo despertaba con un sentimiento de vacío en las mañanas, me iba bien en la vida pero me sentía insatisfecho. A partir de que empecé a ayudar a la gente a conseguir trabajo me empecé a sentir mucho mejor. Me llena de orgullo poder ayudar a tanta gente.

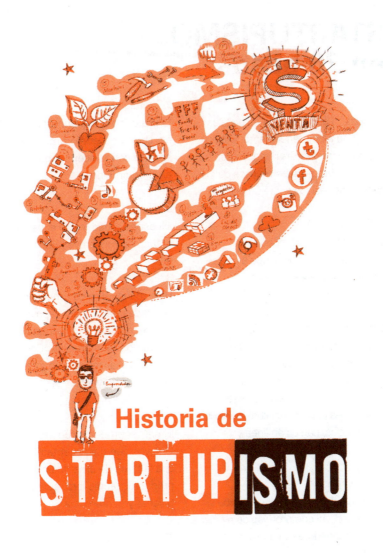

Historia de
STARTUPISMO

Cuando empecé a incluir temas de emprendimiento en mis conferencias me di cuenta lo poco que sabe la gente al respecto. Me dieron ganas de darles un manual con lo básico sobre el tema, así que decidí crear una metodología que todos pudieran entender y aplicar.

STARTUPISMO
en 20 pasos:

1. Problema.

En nuestro país estamos en pañales en cuanto a emprendimiento. Cuando doy mis conferencias me doy cuenta que el público no sabe muchos de los conceptos básicos sobre emprender.

2. Producto.

Una introducción al mundo del emprendimiento que ayude a que se generen empresas exitosas.

3. Monetización.

Desde que logras el beneficio de un grupo de gente puedes estar seguro que terminará siendo una fuente de riqueza para el creador y el público. La forma en la que monetizo este proyecto es la venta del libro, audiolibro, conferencias, cursos en línea y presenciales.

4. Emprende.

Conforme esta metodología recibe aceptación, mi compromiso de ayudar a los emprendedores va en aumento.

5. Hemisferios.

Hasta ahora los socios somos Susana Viramontes y yo. Ella es el hemisferio izquierdo y yo el derecho, así puedo dedicarme a generar contenido.

6. Pitch.

Metodología de 20 pasos para convertir tus ideas en negocio.

7. Prototipo.

El prototipo fue la primera versión del libro. Comenzó como una guía sencilla con conceptos básicos sobre emprendimiento.

8. Imagen.

Mi especialidad, crear el paquete gráfico de mis proyectos.

9. Promoción.

Hice mancuerna con muchas entidades dedicadas a apoyar el emprendimiento, con el fin de apoyarnos mutuamente. Cada vez hay más alianzas que se interesan en difundir el proyecto.

10. M.V.P.

El primer producto fue este libro. Una vez que tuvo aceptación, me di a la tarea de crear los siguientes productos: audiolibro, curso en línea, talleres y conferencias.

11. Validación.

La venta de todos mis productos es la validación del proyecto. Si algo no se vende, no le pongo energía.

12. Obsesión.

Me he tenido que dar unos encerrones muy rudos para crear todo este contenido, sin mencionar la creación de ilustraciones, videos y sobre todo: la constante determinación de hacer lo que se tenga que hacer para que avance el proyecto.

13. Capital semilla.
He usado mi tiempo y un poco de dinero personal para darle vida al proyecto. No he tenido que empeñar la dentadura de mi abuelita. Aún.

14. Haz una empresa.
Ya tenemos creada la empresa mi socia y yo. Sólo se creó hasta que fue necesario, nunca antes.

15. Mentores.
Muchos amigos emprendedores me han dado consejos sobre el curso que podría llevar el proyecto. No dejo de molestar a toda persona que represente información que ayude al avance.

16. Tracción.
Mis lectores son la tracción que necesito, gente contenta con mi producto. Mis seguidores me ayudan a saber lo que gusta y lo que no.

17. Incubación.
No estoy en posición de incubar el proyecto, ya que no tengo muchas dudas de cómo hacer negocio con esto.

18. Inversión.
Pienso invertir un poco de dinero personal para darle difusión, pero lo

ideal es que se mueva de una forma orgánica y genuina.

19. Hacer dinero.
Deseo generar dinero para poder dedicarle más tiempo a este tipo de herramientas para emprendedores y generar un impacto real.

20. Avanza.
Estoy dispuesto a hacer lo que sea por este proyecto, nada me hace más feliz que ayudarle a la gente a dedicarse a lo que le gusta.

RESUMEN DE LOS 20 PASOS

1. Encuentra una necesidad que quieras solucionar.

2. Crea un producto para solucionarla.

3. Define la forma en la que harás dinero con tu producto.

4. Decídete a emprender, tiempo completo, dispuesto a llegar a sus últimas consecuencias.

5. Usa tus dos hemisferios del cerebro y después consigue un cofounder igual de comprometido que tú.

6. Ensaya tu pitch para que puedas explicarle a todos tu proyecto de una forma sintetizada.

7. Crea un prototipo de tu producto aunque sea muy rudimentario.

8. Crea la imagen de tu startup: logo, sitio web, video explicativo.

9. Sal del clóset, cuéntale a todo mundo sobre tu proyecto y sobre ti mismo.

10. Elige el producto que sea más fácil de comercializar y véndelo en el estado en el que esté.

11. Comprueba si a la gente le gusta tu producto y modifícalo cuantas veces sea necesario.

12. Trabaja duro en tu proyecto, comprométete, obsesiónate, crea ladrillo por ladrillo todos los días.

13. Se vale conseguir capital semilla de tu familia y amigos por medio de crowdfunding.

14. Si ves que tu producto tiene futuro, ya puedes pensar en hacer una empresa.

15. Busca mentores que conozcan sobre el tema de tu proyecto, pide consejos hasta hartarlos.

16. Busca tracción, seguidores, fans, consumidores fieles.

17. Escoge una incubadora que realmente pueda hacer algo para que tu empresa crezca.

18. Busca inversión a cambio de un porcentaje de tu empresa.

19. Comprométete a hacer dinero, mucho dinero.

20. No te desesperes, aguanta la vara, el estrés es una herramienta, nunca dejes de avanzar.

Ya leíste el libro, ahora puedes tomar:

¡CURSOS Y TALLERES DE STARTUPISMO EN VIDEO!

Al tomar el curso o taller,
serás parte del Club Startupero,
un grupo de Facebook en el que
Fric Martínez te dará asesoría para
tu proyecto por medio de videos.

fricmartinez.com

AGRADECIMIENTOS:

A **Susana Viramontes**, por haber nacido y haber
llegado a mi vida para ser mi socia, manager,
consejera y paño de lágrimas.

A mis hijos, **Paola y Diego**, por hacerme querer
ser una mejor persona y mejorar el mundo.

A mi **yo del pasado**, por haberme aventado
a crear los proyectos que hoy en día son la base
de mi experiencia.

A todos los que me han apoyado en mi vida.

Pero sobretodo, **a los que NO me han apoyado**,
por hacerme sacar mi propia energía para lograr
las cosas. Mírenme ahora, perras :)

ÍNDICE

viva
vivir
vivo